간호사 취업 비법

이 책을 소중한

_____님에게 선물합니다.

_____ 드림

사전 준비부터
면접, 직장생활
노하우까지
한 권에!

간호사
취업 비법

송세실 지음

위닝북스

나는 간호로
인생을 배웠다

나는 간호사가 되고 싶었던 사람도 아니고 간호사에 대해 애정을 갖고 있는 사람도 아니었다. 나 자신이 간호사로 일하고 있으면서도 내 직업에 대해서 좋은 평가를 내리지 못했다. 누군가 간호사가 되겠다고 하면 "백만 번 생각하고 그래도 간호사가 내 일이라고 느껴지면 거기서 천 번을 더 생각해라."라고 늘 충고했다. 그렇게까지 생각했는데도 간호사라는 결론이 나오면 어쩔 수 없는 운명으로 받아들이라고 하면서 말이다.

우리나라에는 사명감으로 버텨야 하는 몇몇 직업이 있다. 그중 하나가 바로 간호사다. 높은 강도의 노동, 감정 소모, 적은 임금, 낮은 사회적 인식 등 사명감과 자부심이 없다면 버티기 힘든 직업이다.

임상 생활을 오래 하지 못할 것이라는 모든 사람들의 예상을 뒤엎고 나는 간호사로서 10년이 넘는 시간을 근무했다. 철부지 어린 아가씨가 한 명의 간호사로 성장하기까지 10년은 충분한 시간이었다. 환자들과 부대끼며 함께했던 기억들, 동료들과 땀으로 하나 되었던 순간들…. 그 모든 순간들이 내 안에 차곡차곡 쌓였고, 나는 그렇게 진정한 간호사가 되었다.

내가 한 명의 간호사로 오롯이 섰다고 느꼈을 때, 나는 또 다른 도전을 했다. 바로 책 쓰기였다. 간호사라는 직업에 회의를 느끼던 어느 날, 나는 우연히 임원화 작가의 《한 권으로 끝내는 책쓰기 특강》이라는 책을 접하게 되었다. 그녀는 나와 같은 간호사 출신으로, 내가 가려는 길을 먼저 간 사람이었다. 나는 그 책을 통해 〈한국 책쓰기 성공학 코칭협회〉라는 곳을 알게 되었다. 그리고 그곳에서 잃었던 꿈을 찾았고 새로운 미래를 보았다.

처음에 간호사 생활을 책으로 쓰려고 마음먹었을 때는 두려움과 서러움이 많았다. '고작 이런 이야기를 써도 되는 것일까?' 하는 두려움이 시시때때로 나를 괴롭혔다. 그리고 그동안 힘들었던 순간들을 되돌아보면서 그 당시 느꼈던 서러움이 다시 나를 덮쳤다. 하루에도 몇 번씩 도망가고 싶었던 나를 다시 잡아 준 것은 이 직업에 대한, 그리고 간호사들에 대한 나의 연민과 애정이었다.

나는 이 책으로 많은 간호사들이 공감과 위로를 받길 바란다.

특히 이제 막 간호학과에 들어간 학생들이나 갓 병원에 입사한 신규 간호사들이 이 책으로 많은 힘을 얻었으면 좋겠다. 그러기를 바라는 마음으로 문장 하나하나에 애정을 담아 썼다. 그래서 힘든 병원 생활에 대한 이야기보다는 가슴이 따뜻해질 만한 내용을 더 많이 담았다.

우리 간호사들은 늘 남을 치료하고 간호하느라 정작 자신은 돌보지 못한다. 아파도 근무해야 하고, 수액을 맞으면서도 환자를 돌보는 일을 멈추지 못한다. 항상 그런 간호사의 모습이 안쓰럽고 애틋했다. 이 책이 간호사들에게 조금이나마 위로가 될 수 있다면, 그래서 그들이 자신의 직업이 얼마나 가치 있고 멋진 일인지 알 수 있다면 나는 몹시도 행복할 것이다.

이 책이 나올 수 있도록 책 쓰기의 모든 것을 알려 주신 〈한국 책쓰기 성공학 코칭협회〉의 김태광 대표 코치님, 만날 때마다 유쾌한 기분을 선사해 주시는 나의 최강 꿈벗 〈위닝북스〉의 권동희 대표님께 진심으로 감사드린다.

책을 쓴다고 하니 흔쾌히 꿈을 향해 갈 수 있도록 배려해 주신 제일병원 방사선종양학과 식구들, 그리고 딸의 꿈을 위해 모든 것을 내어 주신 사랑하는 우리 부모님, 마지막으로 책을 쓴다고 데이트도 못 해 준 여자 친구를 묵묵히 뒷바라지해 준 나의 남자 친구 이창희. 이 모든 분들에게 감사 인사를 드린다. 이렇게 많은 사람들의 도움으로 이 책이 탄생할 수 있었고, 꿈을 이룰 수 있었다.

많은 사람들의 배려와 사랑으로 탄생한 이 책이 독자들에게도 위로와 응원이 되길 바란다. 그래서 의료 현장에서 더 멋진 간호사로, 최고의 전문가로 자리매김하길 바란다.

2017년 12월

송세실

CONTENTS

PART 2 현직 간호사가 알려 주는
간호사 취업 실전 노하우

PART 3 좌충우돌 새내기
간호사의 일기

PART 4 사랑받는 후배는
1% 다르다

PART 5 당신도 간호사가 될 수 있다

PART 1

나는 그렇게
간호사가 되었다

나는 자랑스러운
간호사다

돌이켜 보면 나의 생애는 일곱 번 넘어지고
여덟 번 일어나면서 이루어졌다.

– 프랭클린 루스벨트 –

"10년이면 강산도 변한다."라는 말이 있다. 강산이 한 번 바뀔
만큼 긴 시간이란 뜻이다. 나는 그 10년을 간호사로 일해 왔다.
특별한 사명을 느꼈던 것은 아니다. 그저 앞만 보며 달려오다 보
니 여기까지 왔다는 표현이 더 맞을 것이다. 그렇게 지난 10년 동
안 나는 간호사로서 울고 웃었다.

처음에 내가 간호학과에 들어간다고 했을 때 주변의 반응은
모두 한결같았다.

"네가 간호사가 된다고? 진짜 안 어울리는데?"

"여태껏 들은 농담 중 제일 재미있었다."

"환자들은 무슨 죄냐? 너 진짜 간호사 하려는 건 아니지?"

나조차도 나 자신이 간호사에 어울린다고 생각해 본 적이 없

는데 남이야 오죽하겠는가. 나의 간호학과행을 두고 모두가 안 어울린다고 말했다. 그들 중 내가 졸업하고 간호사가 되리라 예상한 사람은 아무도 없었다. 심지어 나조차도 그런 예상은 하지 못했다.

대학의 학과를 정하기 전까지 간호사는 내 선택지에 아예 존재하지 않았던 직업이다. 같은 맥락으로 의사라는 직업도 내 선택지에 없었다. 그러니까 나는 의료계에 전혀 관심이 없었다고 보면 된다.

그러던 내가 간호학과에 들어가고 졸업을 하고 국가고시에 패스하고 병원에 취직해서 간호사가 되었다. 그리고 그 병원에서 10년을 간호사로 버텨 왔다. 가끔씩 식당에서 만나는 동기들이나 선배 간호사 선생님들은 나를 볼 때마다 깜짝 놀라며 아직도 다니고 있었냐고 묻는다.

다들 내가 오래지 않아 그만둘 것이라 생각했다는 것이다. 동기들 중 얼마 못 버티고 빠르게 그만둘 것 같은 사람의 명단에는 언제나 내 이름이 있었다고 한다. 동기들도 그렇게 생각했고, 윗분들도 그렇게 생각했다. 길어야 3년일 것이라고…. 그리고 나 또한 그렇게 생각했다.

내가 길게 버틸 수 있었던 이유 중 하나는 잦은 인사이동 때문이었다. 나는 총 다섯 번의 인사이동을 겪었는데 그중 네 번의 이동이 5년 차 이전에 이루어졌다. 새로운 곳에 들어가면 적응하느라 정신이 없었고, 악과 깡으로 버텨 적응하면 다른 곳으로 이동하게 되는 식이었다.

적응하는 것이 너무 힘들어서 그만두고 싶었던 적이 한두 번이 아니었다. 하지만 여기서 그만둔다면 내가 지는 것이라는 생각이 들었다. 지기 싫어하는 내 성격상 그것을 용납할 수 없었고, 결국 나는 버텼다.

내가 늘 하는 말이 있다. 임상에서 간호사로 3년 이상 버티는 사람은 성격이 진짜 좋거나 진짜 독하거나 둘 중 하나라고 말이다. 지금도 나는 이 말에 동의한다. 성격이 좋거나 독하지 않으면 버텨 내기 힘든 환경이기 때문이다. 물론 후자에 속했던 나는 독하게 버텼고 그러는 사이에 시간은 훌쩍 지나갔다.

그리고 마침내 나는 진정한 간호사가 되어 있었다.

"간호사가 아닌 송세실은 이제 상상이 안 간다."

"간호사가 네 천직인가 보다."

분명 내가 간호학과에 들어산다고 했을 땐 그렇게 안 어울린다고 했던 지인들이 이제는 간호사가 아닌 내가 상상이 되지 않는다고 한다. 우습게도 10년의 세월은 그들의 인식마저 바꿔 놓은 것이다. 그리고 인식이 바뀐 것은 그들만이 아니었다. 나 또한 나 자신이 간호사에 잘 어울리는 사람이라는 것을 인정하게 되었다. 환자에게 반응하는 눈이, 귀가 그리고 심장이 그때마다 내게 알려 주었다. 나는 간호사라고.

"선생님은 마음을 참 편안하게 해 줘요."

얼마 전 한 환자가 내게 이런 말을 했다. 그분은 내게 함께 있으면 마음이 편안해진다고 말씀하셨다. 다른 선생님들도 모두 친절하시기는 하지만 내가 더 친근감이 느껴진다고 한다. 그래서 치료를 받을 때 무서움을 느끼지 않을 수 있다고 말이다.

나는 이런 칭찬을 들을 때마다 늘 쑥스럽고 몸 둘 바를 모르겠다. 스스로가 친절한 간호사가 아니라는 생각을 가지고 있어서인지 칭찬을 들을 때마다 맞지 않는 옷을 입은 것처럼 어색하기만 하다.

나는 환자라고 특별히 더 잘해 주거나 하지 않는다. 내가 정의하는 나의 직업은 내 능력이 닿는 만큼 그들에게 필요한 도움을 필요한 때 주는 일이다. 단지 그 영역이 생명을 다루는 영역일 뿐인 것이다. 이러한 나의 생각들은 평소의 나의 행동에서도 잘 드러난다.

나는 내가 생각했을 때 좋을 것 같은 것들을 환자들에게 제공한다. 예를 들어, 치료를 앞두고 긴장해 있는 환자에게는 계속 말을 걸어 긴장을 풀어 주거나 농담을 던지기도 한다. 내가 그 상황이었을 때 누군가 이렇게 해 주면 좋겠다고 생각해서 그러는 것이다. 딱히 환자를 배려하거나 환자를 위해서 하는 행동들은 아니다. 긴장하고 있는 환자는 간호사가 아무 말도 안 시켰으면 좋겠다고 생각할 수도 있다.

늘 어색하고 쑥스럽지만 그래도 칭찬을 들으면 그동안 잘해 왔다는 증거 같아서 뿌듯해지기도 한다. 특히 편안하다는 말이나 안심이 된다는 말을 들으면 나도 모르게 어깨에 힘이 살짝 들어간다. 내가 올바른 길로 잘 가고 있다는 말처럼 들려서 하루 종일 신이 난다. 그렇게 예상치 못한 선물을 받은 것처럼 들떴던 날들이 기억난다.

가끔씩 '내가 잘하고 있는 것일까?'라는 생각이 들 때가 있다. 내 나름의 신념과 가치관을 갖고 일하고 있지만 이 일이라는 것이 측정할 수 있는 일이 아니기에 옳은 방향으로 가고 있는지 궁금할 때가 있다. 누구에게나 이렇게 자신을 돌아보게 되는 순간이 있을 것이다.

내게 그런 순간은 지금이 아닐까 싶다. 나는 처음부터 간호사를 하고 싶었던 사람이 아니다. 간호사라는 직업을 좋아한 적도 없었다. 그랬던 내가 이렇게 멈춰 서 뒤를 돌아보니 많은 생각이 든다. '그동안 참 잘 버텨 왔구나' 하는 감회와 함께 10년을 함께 울고 웃었던 기억들이 하나씩 스쳐 지나간다. 그리고 깨달았다. 내가 간호사라는 직업을 얼마나 사랑했는지, 간호사라는 사실에 얼마나 자부심을 가지고 있는지를 말이다.

눈길을 걷다가 멈춰 서 내가 걸어온 길을 돌아볼 때가 있다. 그렇게 보면 내가 어떻게 걸어왔는지 알 수 있다. 또한 내가 걸어

온 걸음을 보고 다음에는 어떻게 걸어야겠다는 계획도 생긴다. 이렇듯 돌아본다는 것은 앞으로 나아갈 길의 방향을 찾는다는 것과 같다. 그래서 너무 앞만 보며 가기보다는 때로는 멈춰 서서 걸어온 걸음을 돌아봐야 한다. 그래야 올바른 방향을 찾아 다시 또 나아갈 수 있다.

내가 간호사를
선택한 이유

살아야 할 유일한 이유를 마침내 깨닫고 보니
그것은 바로 살아 있음을 즐기는 것이었다.
– 리타 메이 브라운 –

최근 한 고등학생이 나에게 과제를 위한 인터뷰를 부탁했다. 자신이 되고 싶은 직업을 체험하는 과제였다. 그녀는 간호사가 되고 싶었기 때문에 나와 인연이 닿게 되었다. 나는 기쁜 마음으로 최선을 다해 인터뷰에 응하고자 했다. 그런데 첫 번째 질문부터 할 말이 없게 만들었다

"선생님은 왜 간호사가 된 거예요?"

"어쩌다 보니 그렇게 되었어요."

진짜 이 말 외에는 할 말이 없었다. 나는 어쩌다 보니 간호사가 된 사람이다.

대학을 갈 무렵 나의 꿈은 심리치료사였다. 그리고 그것 말고도 하고 싶은 것이 너무 많았다. 너무 많아서 정작 무엇을 해야

할지 선택하지 못하는 학생이었다. 그중 가장 되고 싶은 것은 심리치료사였다. 그러나 나는 당시 이과인 나의 전공도 포기하고 싶지 않았다. 그래서 생각한 것이 복수전공이었다. 이과 특성을 살려서 건축학과에 진학하고 심리학을 복수전공 하겠다는 것이 나의 계획이었다. 물론 심리학으로 유학도 갈 생각이었다.

그랬던 내게 뜬금없이 간호학과라는 선택지가 들이밀어졌다. 안정적인 직장을 가지길 바라셨던 부모님은 내가 간호사가 되기를 갈망하셨다. 생각해 본 적도 없는 선택지라 처음에는 너무 당황스러웠다. 일단 나는 피를 보는 것을 몹시 싫어하고 무서워하기 때문에 의대라는 선택지는 내 일생에서 없었다. 그런데 의사도 아니고 간호사라니.

나는 강하게 반발했다. 생각지도 않았던 의료계통 진로가 적성에 맞지 않을 것이라는 것이 첫 번째 이유였다. 간호사를 하기에는 내 성격이 지나치게 독립적이라는 것이 두 번째 이유였다. 개인주의 성향이 강한 나는 조직생활에 잘 어울리는 성격이 아니었다. 그런 이유들로 나는 이 선택지가 재고의 가치가 없음을 피력했다.

그 후로 부모님과 나의 줄다리기는 계속되었다. 그러다 결국 내가 뜻을 꺾게 되었다. 그 이유는 간호학과 입학 후 반수를 해서 네가 가고 싶은 과를 가겠다면 말리지 않겠다는 부모님의 약속과 간호학과가 심리치료사가 되는 데 도움이 될 것이라는 말 때문이었다. 간호사가 유학 가기가 더 쉽다는 꼬임도 있었다.

그리고 결정적으로 내가 너무나도 사랑하고 존경하는 아버지께서 내가 간호학과에 들어가기를 원하셨다. 대립이 이어지던 어느 날 아버지께서 조용히 내 방에 들어오셨다. 그러고는 "네가 정 싫다면 어쩔 수 없지만 아빠는 네가 간호학과에 들어갔으면 좋겠다."라고 말씀하셨다. 아버지도 이리 원하시니 간호학과에 들어가자는 생각이 들었다. 어차피 반수를 할 텐데 그동안 아버지의 소원이나 들어 드리자고 생각했다. 그래서 나는 간호학과를 가기로 결정했다.

대학에 들어가고 나는 바로 반수를 준비하려 했다. 그러나 대학에 막 들어간 신입생이 한번 노는 것에 맛을 들이면 그것을 끊기가 어렵다. 나 또한 그렇게 노는 것에 맛을 들이기 시작했고, 반수를 준비할 시간이 모자랐다. 또한 그 당시 한 후배를 상담해 준 후 집에 와서 하루 종일 잔 적이 있었다. 후배에게 지나치게 감정 이입을 해서 기가 빨린 상태였던 것이다. 누군가를 상담해 줄 때마다 이렇게 기를 빨리면 버틸 수 없겠다는 생각이 들었다. 그래서 심리치료사가 되는 것을 포기하기로 했다.

그러한 이유들로 나는 반수를 해서 심리치료사가 되겠다는 계획을 수정해야 했다. 갑자기 목표가 사라지자 허망해져서 한동안 방황했다. 그러다 이왕 간호학과에 들어왔으니 간호사 면허나 따자는 생각으로 버텼다. 목표가 신통치 않으니 공부를 제대로 했을 리가 없다. 그래서 내 성적은 늘 변변치 못했다.

병원에 꼭 취업해야겠다는 생각도 없었기에 성적에 관심을 두지도 않았다. 졸업할 즈음이 되자 다른 동기들은 취업을 준비하기 시작했다. 그때까지 어떤 대책도 없었던 나는 동기들을 따라서 취업을 준비했고 취직을 했다. 취직할 때만 해도 오래 병원생활을 할 생각도 없었다. 하다 보니 10년째 근무하고 있는 것이다. 나의 간호사 생활은 그렇게 예상치 못한 일들이 연속되면서 이루어졌다.

처음에는 적응하려고 버텼던 날들이 어느 순간 간호사를 내 직업으로 인식하게 만들었다. 항암 병동에 있을 때였다. A 씨는 내가 혈압계를 들고 왔다 갔다 할 때부터 병원에 있었던 오래된 암 환자였다. 난소암이었던 그녀는 암세포가 골반부로 다 퍼져서 잠도 자지 못하고 끔찍한 고통을 호소하고 있었다.

그녀에게는 마약성 진통제인 모르핀이 24시간 들어갔다. 모르핀을 수액에 섞어서 기계로 시간 맞춰서 넣었다. 모르핀 수액은 500ml 생리 식염수 팩에서 400ml의 식염수를 빼내고 모르핀을 400ml 넣어 만든다. 이 양이 한나절 들어가는 양이었다. 이것을 만들기 위해서는 5ml짜리 모르핀 앰플 40개를 까야 했다.

모르핀 주입이 끝나면 그녀는 바로 통증을 호소하며 울었다. 그 모습이 아직도 생생하다. 그녀는 침대 난간을 치며 통증에 몸

부림쳤다. 우리는 흡사 짐승의 울음소리와 같던 그 소리를 들으면서 약을 제조해야 했다. 보통은 미리 만들어서 바로 연결하지만 가끔 너무 바쁘거나 시간 계산 착오로 만들어 놓지 못하는 경우가 있다. 그럴 때는 최대한 빨리 약을 만들어야만 했다. 마음이 급해져서 40개나 되는 앰플을 까다가 손을 베이는 경우도 많았다. 그러나 그 상처를 돌볼 여유가 없었다. 그 순간에도 그녀는 너무 고통스러워했기 때문이다. 피가 철철 나는 손가락을 거즈로 지혈하며 약을 조제했다. 그러곤 환자에게 수액을 걸어 주고 그녀가 진정되는 것을 확인한 후에야 내 손가락을 치료할 수 있었다.

결국 그녀는 마지막을 준비하러 호스피스 병원으로 떠났다. 지금은 아마 아픔이 없는 곳에서 웃고 있을 것이다. 고통이 심하기 전에 그녀는 천사처럼 웃던 사람이었다. 마지막 순간까지 함께하지는 못했지만 내가 그녀에게 작은 도움이라도 줄 수 있었음에 감사한다.

병동에 있을 때 내 손은 늘 상처투성이였다. 앰플에 베인 상처, 주삿바늘에 찔린 상처 등 하루걸러 하나씩 상처가 생겼다. 그리고 다리는 늘 멍투성이였다. 급하게 뛰어가다 모서리에 부딪치는 경우가 가장 흔했고, 나이트 근무 때 어두워서 환자 침대나 보호자 침대에 부딪히는 경우도 많았다. 참 신기한 것은 일할 때는 다친 줄도 모른다는 것이다. 물론 피가 줄줄 나면 다친 줄 알지만 가볍게 베인 상처나 멍은 언제 생겼는지 기억도 못했다.

　이러한 시간들을 지내면서 나는 내가 간호사의 삶을 선택했음을 알게 되었다. 간호사가 되려고 간호학과에 오는 사람들에게는 다 저마다의 이유가 있다. 성적에 맞춰서 온 사람도 있을 것이고, 취직이 잘되기 때문에 온 사람도 있을 것이다. 그러나 시작하는 이유는 제각각일지라도 간호사의 삶을 선택한 그 이유에는 언제나 환자들이 있다.

　분명 간호사는 힘든 직업이다. 체력적으로도, 정신적으로도 말이다. 많은 간호사들이 힘들어하면서도 병원에 남아 있는 것은 우리의 손길이 필요한 환자들이 그곳에 있기 때문이다. 그리고 우리는 그들과 가장 가까운 곳에서 생사고락을 함께하는 간호사이기 때문이다.

대한민국에서
간호사로 살아간다는 것

현실을 바꿀 수는 없다.
하지만 현실을 바라보는 눈은 바꿀 수 있다.
- 니코스 카잔차키스 -

'간호사' 하면 어떤 생각이 먼저 드는가? 사전에서 간호사를 찾아보면 '의사의 진료를 돕고 환자를 돌보는 사람'이라고 나온다. 이 한 문장으로 우리 사회가 간호사를 어떻게 생각하는지 알 수 있다. 간호사라고 하면 많은 사람들이 내게 이렇게 말한다.

"좋은 직업을 가지고 있네요. 전문직이고 안정적이고요."

이제는 많은 사람들이 간호사가 전문직임을 인지하고 있다. 그러나 우리나라는 다른 선진국에 비해 간호사에 대한 인식이 낮은 편이다. 점점 나아지고는 있다 해도 아직도 간호사가 의사의 보조인이라고 생각하는 사람이 대부분이다. 그 밖에 주사 놓는 사람, 자신이 마음대로 부려 먹어도 되는 사람이라고 생각하는 사람들도 많다. 그리고 그런 생각은 종종 행동으로 표출되기도 한다. 우리는 그런 경우를 꽤 자주 만나게 된다.

하루는 나의 프리셉터(Preceptor) 선생님이 나이트 근무를 서고 있는데 콜벨이 울렸다. 그날 제왕절개 수술로 출산을 한 산모였다. 수술한 당일은 여러 가지 부작용이 생길 수 있는 확률이 높기 때문에 주의 깊게 관찰해야 한다. 혹시라도 산모에게 무슨 일이 생겼나 싶어 선생님은 급하게 그 병상으로 갔다.

"산모님, 무엇을 도와드릴까요?"

"제 남편 담요 좀 덮어 주세요."

옆을 보니 산모의 남편이 병상 옆 간이침대에서 잠을 자고 있었다. 산모는 수술한 당일인 데다 지혈을 위해 배에 모래주머니를 얹고 있어서 움직이기 힘든 상황이었다. 선생님은 말없이 담요를 가져와 남편에게 덮어 주고 나왔다고 한다.

아마도 그 산모는 자신이 움직일 수는 없고 그렇다고 남편을 깨우고 싶지도 않았을 것이다. 그리고 간호사가 그것쯤은 해 줄 수 있다고 생각했을 수도 있다. 물론 그 정도는 해 줄 수 있다. 그러나 콜벨이 울리면 간호사들은 긴장하며 뛰어가게 된다. 기본적으로 간호사 콜벨은 환자 자신이 힘들거나 간호사의 도움이 급하게 필요할 때 누르는 것이기 때문이다.

선생님은 산모에게 무슨 일이 생긴 줄 알고 서둘러 갔다. 가면서 오만 걱정을 다 했을 것이다. 그렇다 보니 내용을 듣고는 허탈

했을 것이다. 혹시라도 그 산모가 선생님을 잡고 있는 그 순간에 정말 간호사의 도움이 필요한 사람이 있었을 수도 있다. 만약 그랬으면 그 사람은 필요한 도움을 제때 받지 못했을 것이다. 그렇게 되면 그 산모는 정당한 도움을 받을 다른 사람의 권리까지 뺏은 셈이 된다. 그러나 많은 사람들이 그런 생각을 하지 못하는 것 같다.

대부분의 간호사들에게 이러한 경험이 한 번쯤은 있을 것이다. 나 또한 물을 받아다 달라는 요청을 받은 적이 있었다. 약 먹을 시간에 맞춰 내복약을 주고 돌아 나오려는데 한 환자가 나를 부르더니 물을 받아 달라고 했다. 다리가 아파서 정수기까지 갈 수가 없다는 것이다. 이 정도는 흔쾌히 들어줄 수 있는 부탁이었다. 그래서 나는 정수기에서 물을 받아다 그 환자에게 주었다.

그것이 시작이었다. 처음에는 물이 너무 차다고 다시 받아 달라고 하더니 그다음에는 너무 뜨겁다고 했다. 거의 적정 온도의 물을 받아다 줬는데 약을 먹고는 한 잔 더 달라고 하는 것이 아닌가. 결국 그 물 때문에 나는 정수기까지 세네 번을 왔다 갔다 해야 했다. 그렇다고 그 환자에게 고맙다는 말을 들은 것도 아니다. 오히려 센스 없다고 면박만 당했을 뿐이다. 그 환자는 걷는 데 지장이 있던 사람이 아니었다. 단지 다리가 아플 뿐이었다.

'나는 고작 물을 뜨는 사람이 아닌데…'

서럽기도 했고 화도 났다. 신규 때는 이런 경우로 인해 울기도 많이 울었다.

최근 간호 포괄수가제의 시행으로 간호사가 환자의 수발을 드는 사람이라는 생각을 가진 사람들이 늘고 있다. 내가 겪었던 물심부름은 예삿일이 되었다. 많은 간호사들이 잔심부름들을 하느라 정작 중요한 본연의 임무를 하지 못한다는 기사를 본 적이 있다. 간호사는 환자의 병을 돌보는 사람이지, 시중을 드는 사람이 아니다. 이를 명확히 구분해야 한다.

요새 사람들은 우리나라를 '헬 조선'이라고 부르곤 한다. 간호사들에게도 대한민국은 헬 조선이다. 상상을 초월하는 업무량에 간호사에 대한 낮은 인식 등 간호사들의 처우가 개선되지 않고 있기 때문이다. 대한민국에서 간호사는 3D업종 중 하나로 여겨진다. 그만큼 힘들다는 뜻이다. 물론 간호사는 전 세계 어디를 가도 힘들고 업무량이 많은 직업이다. 그러나 우리나라에서 간호사는 힘든 업무에 푸대접까지 이중고, 삼중고를 겪어야 한다.

물론 좋은 점도 있다. 바로 '정'이다. 피겨여왕 김연아 선수도 한국의 가장 좋은 점을 '정'이라고 했다. 특히 우리가 아줌마라고 부르는 그분들이 사실은 가장 정이 많다. 물론 진상이 가장 많기도 하다.

나는 입사 후 모아병동, 분만실을 거쳐 항암병동에서 근무했다. 처음 항암병동에 왔을 때 감동했던 것 중 하나가 환자들이 나의 식사 여부를 물어보는 것이었다. 아침에 출근해서 라운딩을 하면 환자들이 아침은 먹었냐고 항상 물어보았다. 그전에는 경험해 보지 못한 일이라 신기하기도 하고 감동적이기도 했다. 밥은 먹었냐는 물음이 그렇게 따뜻한 울림인 줄 그때 처음 알았다.

하루는 약을 돌리고 있는데 한 병실에서 파티가 벌어지고 있었다. 병실 환자들끼리 돈을 모아 족발을 시킨 것이다. 얼른 약을 건네고 돌아서 나오려는데 별안간 병실 문이 닫혔다. 한 환자가 잠깐 먹고 가라고 아예 출입문을 봉쇄해 버린 것이다. 아니라고, 괜찮다고 웃으며 나가려는데 입으로 쌈이 하나 쑥 들어왔다. 환자들은 웃으면서 3개를 먹기 전에는 못 나간다며 반강제로 나에게 쌈을 먹였다. 중간중간 맛있냐고 확인하면서 말이다. 3개의 쌈을 겨우 입 안에 욱여넣고 나서야 나는 풀려날 수 있었다. 돌아 나오는 내 등 뒤로 다음 타깃을 누구로 할지 정하는 내용의 대화가 오갔다.

사실 나는 족발을 먹지 못한다. 그래서 그때 대충 씹고 억지로 삼켜 가며 쌈을 다 먹었다. 그러나 나에게 맛있는 것을 주고 싶었던 그분들의 마음은 확실히 접수가 되었다. 그 느낌은 잊을 수가 없다. 사실 눈물이 핑 돌아서 말도 잘 못했던 기억이 난다.

신규 때는 음료수 등을 쥐어 주면서 가지고 가면 눈치 보느라 못 먹으니 아예 여기서 먹고 가라는 환자들도 있었다. 그때는 환자들이 나에게 먹을 것을 주고 나를 숨겨 주었다. 편하게 먹으라고 말이다. 내가 배고파 보였는지 신규 때부터 환자들은 꾸준히 내게 먹을 것을 챙겨 주었다. 그러고 보니 참 많이도 얻어먹은 것 같다.

아마 이러한 환자들의 정이 나의 간호사 생활을 지탱하게 해 주는 힘이었던 것 같다. 이렇게 정이 쌓이면 간호사들은 환자들이 눈에 밟혀 그만둘 수가 없다. 정이라는 것이 그렇다. 한쪽으로만 흐르는 것이 아니고 결국은 양방향으로 서로 오가는 것이기 때문이다.

대한민국에서 간호사로 산다는 것은 어찌 보면 극기 훈련과도 같다. 인식, 근무환경, 임금 그 어느 하나도 정당한 것이 없다. 그래서 많은 간호사들이 병원을 떠나거나 해외로 나가기도 한다. 우리나라가 간호사 같은 고급인력을 자국에서 수용하지 못하는 현실은 슬픈 일이다.

그러나 언제나 나쁘기만 한 것은 아니다. 한국 사람이 다른 나라에서 살아도 김치를 먹어야 하듯이 우리에게 가장 편안한 환경은 대한민국일 것이다. 물론 제도적으로 고쳐야 할 것들이 많다. 간호사들의 처우 개선을 위한 움직임은 예전부터 꾸준히 진행되고 있다. 지금은 힘들지만 조금씩 더 나아지고 있다. 그러니 대한민국의 간호사들이 조금 더 힘을 내 주었으면 좋겠다. 우리나라의

의료수준이 높아지기 위해서는 간호사의 확보가 무엇보다도 필요
하다.

간호사에 관한
오해와 편견

직면한다고 해서 모든 것이 바뀌는 것은 아니지만,
직면하기 전에는 아무것도 바꿀 수 없다.
— 제임스 볼드윈 —

　　하얀색 원피스 가운, 가슴은 깊게 파이고 치마는 겨우 엉덩이
를 덮을 정도로 짧다. 긴 머리에 왕관처럼 얹혀 있는 캡, 그리고
진한 화장과 손에 들고 있는 왕주사기⋯. 간호사를 떠올릴 때, 혹
시 이러한 이미지를 먼저 생각하지는 않았는가? 부디 그런 일은
없기를 바란다.

　　최근 종영한 드라마 〈병원선〉에서 그려 낸 간호사의 모습은
뜨거운 논란이 되었다. 드라마에서 간호사는 몸에 붙는 짧은 미
니스커트 유니폼을 입고 응급환자를 실은 침대를 밀며 뛰고 있다.
여기까지도 어이가 없는데 그 뒤는 더 가관이다. VIP의 장난에 장
단을 맞추며 CPR방송을 하기도 한다. 드라마에서 간호사는 철저
히 주인공인 의사를 빛내 주기 위한 역할을 한다. 물론 현실과 동

떨어진 무능함은 옵션이다.

이 드라마를 보고 많은 전·현직 간호사들이 분노하며 강도 높게 비난을 쏟아 냈다. 간호사에 대해 잘 모르는 사람들이 이 드라마를 봤을 때 간호사가 저런 모습이라고 생각할 수도 있을 것이기 때문이다. 간호사의 전문성을 알아 달라는 것은 아니지만 최소한 곡해는 하지 말아야 한다.

많은 매스컴들의 영향으로 간호사라는 이미지가 한때 섹스심벌처럼 여겨진 적도 있었다. 지금은 많이 달라졌다고는 하지만 아직도 간호사에 대해 오해와 편견을 가지고 있는 사람들이 많다. 사람의 생각이 하루아침에 바뀌지 않는 만큼 간호사에 대한 인식을 바꾸려는 노력은 지금도 꾸준히 계속되고 있다.

아직까지도 많은 사람들이 간호사에 대해 잘 알지 못한다. 그래서 매스컴에 의존하게 되고 간호사에 대해 잘못된 인식을 가지게 된다. 가장 많이 잘못 생각하는 것들 중 하나가 간호사는 의사의 보조인이라는 인식이다. 대부분의 사람들은 간호사는 의사의 지시를 따르는 존재라고 생각한다. 결정권은 오로지 의사에게만 있으며 간호사는 그저 그 결정을 시행하는 수동적인 존재라고 생각한다.

물론 처방권은 의사에게 있다. 그러나 그 처방에 참여할 수 있는 권리와 의무는 간호사에게도 있다. 예를 들어, 의사가 잘못된 처방을 내렸다고 가정해 보자. 그러면 그 담당 간호사는 그 처방이 맞는지 한 번 더 확인해야 한다. 그리고 그것이 환자에게 해를 입힐 수도 있는 잘못된 처방이라면 의사에게 처방이 잘못되었다고 알려 줘야 한다. 이는 의료법에도 명시되어 있는 간호사의 의무다.

그래서 간호사들에게 3~4월은 평소보다 더 많이 예민해지는 시기다. 그때 인턴과 레지던트들이 수련을 시작하기 때문이다. 그래서 처방을 확인하는 시간이 평소보다 배 이상 필요하다. 가끔 말도 안 되는 처방이 나오기 때문에 하나하나 꼼꼼히 걸러야 한다. 게다가 병동에서는 신규 간호사들이 트레이닝을 받고 있다. 간호사도 신규, 의사도 신규라서 아는 것보다 모르는 것이 더 많을 때다. 그래서 시니어 간호사들은 신규 간호사, 의사 모두를 신경 써야 하기에 평소보다 예민해진다.

한 파트에서 오래 일한 간호사들은 어지간한 의사보다 더 많은 것들을 알고 있다. 그래서 병동에서는 전공의들이 시니어 간호사들의 조언을 구하는 광경을 심심치 않게 볼 수 있다. 비단 전공의뿐만 아니라 전문의들도 간호사의 의견을 환자의 치료에 참고하기도 한다.

내가 항암병동에 있을 때의 일이다. 한 환자가 항암 반응평가를 했는데 결과가 좋지 않았다. 항암을 한 번 하게 되면 그것을 1사이클이라고 한다. 그리고 보통 2사이클부터는 항암을 하는 중간에 반응평가를 한다. 그 항암제가 환자의 암에 효과적으로 작용하는지를 확인하는 것이다. 만약 반응평가의 결과가 좋지 않으면 그 항암제가 환자에게 영향을 주지 못한다는 뜻이기 때문에 항암제를 바꿔야 한다.

이 환자가 그런 케이스였다. 환자는 암이 다른 곳에 전이된 상태였다. 항암치료를 시작했으나 반응평가를 하니 항암제가 거의 영향을 미치지 못하고 있었다. 즉, 암세포가 전혀 줄어들지 않던 것이다. 그때 환자의 주치의가 나에게 이 항암제가 반응이 없으면 다음에 뭘 써야 하냐고 물어 왔다. 나는 그때까지만 해도 의사가 간호사에게 그런 것을 물으리라고 생각해 보지 못해서 몹시 놀랐던 기억이 난다.

그 의사가 다음 항암치료에 대해 몰라서 물었을 수도 있고, 자신이 아는 것을 확인하기 위해서 물었을 수도 있다. 그러나 내게 질문하는 그 모습은 매우 자연스러웠고 내가 그 답을 알고 있을 것이라는 기대 또한 깔려 있었다. 그 의사는 항암제에 대해서 항암병동의 간호사의 의견이 신뢰할 만하다는 판단을 한 것이다. 이렇듯 간호사와 의사의 관계는 상하관계가 아닌, 서로 함께 일을 해 나가는 협력 관계다. 그러니 간호사가 의사의 보조인이라는 인식은 맞지 않다.

비슷한 맥락으로 간호사를 의대에 갈 성적이 안 되어서 간호학과에 간 사람들의 집단으로 보는 편견이 있다. 아마 많은 간호사들과 예비 간호사들이 가장 억울해하는 부분 중 하나일 것이다. 물론 의과대학이 간호대학보다 더 높은 점수를 받아야 갈 수 있는 곳임은 틀림없다. 그러나 의과대학에 가고 싶은데 성적이 되지 않는다고 간호대학을 선택하는 경우는 없다. 게다가 최근 간호대학과 의과대학의 점수 차는 매우 근소해졌다. 그러니 의과대학에 갈 성적이 되지 않아 간호사가 되었다는 말은 더더욱 맞지 않는다.

간호사와 의사는 같은 의료계 종사자지만 그 영역이 서로 다르다. 각자에게 기대되는 역할이 따로 있다는 뜻이다. 한 사람을 살리는 것을 예로 들면 1차적으로 수술은 의사가 진행한다. 수술이 성공적으로 끝나면 환자는 수술 후 일어날 수 있는 부작용들을 이겨 내며 회복하는 과정을 겪는다. 이때부터는 간호사의 영역이다. 간호사는 수술 후 환자에게 올 수 있는 신체적, 정신적 부작용들을 주의 깊게 관찰하고 돌본다. 그렇게 두 역할이 잘 어우러질 때 환자는 건강을 되찾고 퇴원하게 되는 것이다.

게다가 우리나라뿐만 아니라 외국에서도 간호사들은 많은 공부를 한다. 그들은 자신의 지식을 향상시키기 위한 노력을 꾸준히 하고 있다. 간호사들의 공부에는 최신 의학 동향뿐만 아니라 최신 간호 동향까지 모든 범위가 포함된다. 그래야 환자에게 정확히 설명할 수 있고, 제대로 된 간호를 제공할 수 있기 때문이다. 간호사가 전문직임을 스스로 증명해 내기 위해 우리는 끊임없이 노력한다. 이렇게 전문성을 유지하기 위한 노력을 아끼지 않고 있는데 의과대학에 가지 못해 간호사가 되었다는 편견이 억울한 것은 당연하다.

이 외에도 간호사는 여자만의 직업이라는 오해가 있다. 앞에서 말한 간호사의 섹스심벌화도 간호사는 여자의 직업이라는 의식이 밑바탕이 깔려 있기 때문에 벌어지는 일이다. 물론 여성의 비율이 높기는 하지만, 엄연히 남자 간호사들이 존재하고 있고 그 비율도 점점 늘어나고 있다.

예전에도 남자 간호사는 존재했었다. 우리나라의 1호 남자 간호사는 1962년에 탄생했다. 그러나 남자 간호사들은 오래 버티지 못하고 그만두는 경우가 많았다. 사람들의 잘못된 인식 때문이다. 간호사는 남자가 할 일이 아니라는, 여자들의 일이라는 인식은 그들의 병원생활을 어렵게 했고 결국 떠나게 만들었다. 요즘도 이러한 인식은 흔하다. 부모님들은 딸이 간호사가 된다고 하면 찬성하지만, 아들이 간호사가 된다고 하면 반대한다. 간호사 커뮤니티에서 간호사가 되고 싶은데 부모님의 반대에 부닥친 예비 남자 간호사의 고민을 종종 접하게 된다. 그런 글을 볼 때마다 아직까지는 인식이 많이 달라지지 않았음을 느낀다.

아직도 간호사들을 바라보는 시선에는 편견과 오해들이 많다.

특히 그러한 오해들은 잘 바뀌지 않는다는 단점도 가지고 있다. 한 명, 한 명 붙잡고 그게 아니라고 말해 주고 싶은 경우도 많다. 그러나 간호사들은 일일이 대응하기보다는 몸소 보여 주는 것을 택했다.

앞에서 드라마 〈병원선〉 이야기를 했다. 간호사를 한없이 무능하게 그려 낸 그 드라마에 분노한 것은 간호사들뿐만이 아니다. 병원에서 함께 일하는 사람들과 환자와 보호자들도 함께 분노했다. 관련 인터넷 기사의 댓글 중 "한 번이라도 병원에 입원해 본 경험이 있거나, 자신의 가족이 입원한 경험이 있다면 간호사에 대해서 함부로 말할 수 없을 것이다."라는 글이 있었다. 그것을 보는 내 입가에 슬며시 미소가 퍼졌다. 아직 남아 있는 오해와 편견들이 많지만 조금씩 걷히고 풀리고 있다는 기대 때문이었다.

간호사들은 오늘도 묵묵히 환자를 위해 일하고 있고, 그것을 보는 사람들은 자신들이 가진 오해와 편견들이 사실과 다르다는 것을 스스로 느끼게 된다.

05

간호사는
멀티플레이어다

서로의 치유를 위해 우리가 할 수 있는 가장 가치 있는 일은
서로의 이야기에 귀를 기울여 주는 것이다.

- 레베카 폴즈 -

당신이 기억하는 최초의 간호 수행자는 누구인가? 아마 대부분의 사람들이 어머니라고 답할 것이다. 간호라 칭해지는 돌봄은 고대로부터 어머니에게서 파생되었다. 그래서 간호사는 어머니에 비유되는 경우가 많다.

우리에게 어머니는 어떤 모습인지 생각해 보자. 나에게 식사를 챙겨 주는 사람, 내가 아프면 약을 챙겨 주고 간호해 주는 사람은 바로 어머니다. 좀 더 어렸을 때는 나의 가장 가까운 친구였고, 나의 첫 번째 선생님이었다. 이렇듯 어머니에게도 여러 가지 역할이 있듯이 간호사에게도 많은 역할들이 있다.

사람들은 간호사의 역할을 돌봄 제공자로만 생각하는 경우가

많다. 기본적인 활력 징후를 체크해 주고 처방에 따라 약을 투여해 주는 것만을 간호사 업무의 전부라고 받아들이는 것이다. 물론 그것들도 간호사 업무이고 또 매우 중요한 업무 중 하나다. 그러나 이외에도 간호사들은 많은 역할을 한다. 돌봄 제공자, 교육자, 상담자 등등 간호사에게는 여러 가지 역할들이 요구된다. 만약 누군가 병원에 입원하게 되면 그 사람은 간호사의 이 모든 역할을 경험하게 될 것이다. 단지 그것을 인식하지 못할 뿐이다.

환자들이 병원에 오게 되면 가장 먼저 만나는 의료진이 바로 간호사다. 간호사는 먼저 그 사람이 왜 병원에 왔는지, 혹은 어디가 불편한지 물을 것이다. 그 외 가족력 등의 기본 사항들을 체크할 것이다. 그렇게 처음 면담할 때 환자들은 궁금했던 많은 것을 간호사에게 물어보곤 한다. 우리는 환자의 질문에 답변해 주면서 자연스럽게 교육자, 상담자의 역할을 하게 된다. 간호사의 역할 중 돌봄만큼이나 중요한 역할이 바로 이 교육자, 상담자 역할이다.

미디어의 발달로 환자와 보호자들은 의료지식을 쉽게 접할 수 있다. 인터넷에는 방대한 정보들이 떠다니고 있다. 그중에는 유용한 정보도 있고 잘못된 정보들도 많다. 그렇기 때문에 정확한 정보를 알려 주는 것은 매우 중요하다. 때때로 환자와 보호자들은 잘못된 의료지식을 접하고 그것을 맹신하기도 한다. 그리고 슬프게도 환자들은 자신이 맹신하는 의료지식이 잘못되었다는 생각을 하지 않는다. 그래서 오류를 정정해 주려는 의료진의 조언을 귀담아듣지 않으려 한다. 오히려 의료진이 약을 팔려고, 혹은 치료비를 받으려고 그들에게 유리한 정보를 알려 준다고 생각하는 경우가 많다.

이것과 관련된 웃지 못할 이야기가 있다. 어느 병원에서 하루는 그 병원 환자들이 모여서 수다를 떨고 있었다고 한다. 그들의 대화 주제는 대체로 자신들의 병과 치료에 관련된 내용이었다. 그런데 지나가던 병원장이 듣고 있으려니 환자들이 잘못된 정보를 서로 공유하고 있는 것이 아닌가. 병원장은 직원들에게 환자들 사이에 퍼진 잘못된 정보를 바로잡아 주라고 했다. 그러나 환자들은 의료진의 말을 듣지 않았고 오히려 자신들의 방법을 더욱 고집하게 되었다. 한참을 고심하던 병원장은 자신의 아내를 환자로 위장해 그 무리에 투입시키고 정확한 정보를 흘리기 시작했다. 그제야 환자들이 그 말에 따랐다고 한다.

웃으라고 만든 이야기겠지만 실제로 의료현장에서 종종 보게되는 경우이기도 하다. 내가 일하는 부서에는 간호 접수대 바로앞에 환자 대기 공간이 있다. 그러다 보니 환자들이 서로 이야기하는 내용을 듣게 된다. 그런데 엉뚱한 정보들을 서로 공유하고 있을 때가 많이 있었다. 그럴 때마다 잘못된 것을 고쳐 주기도 하고 모르는 것은 차라리 나에게 물어보라고 말한다. 우리나라에서는 이런저런 대체의학들이 많이 성행하고 있다. 이는 자칫 잘못하다가는 환자들에게 큰 피해를 가져다줄 수도 있기 때문이다. 특히

나 암 환자들은 병원 치료보다 한방, 대체의학 등을 더 선호하는 경우가 많다. 그것들이 나쁘다는 것이 아니다. 병원 치료와 병행했을 경우 오히려 시너지 효과를 내는 경우도 있다. 그러나 반대로 큰 부작용을 가져오는 경우도 있다.

영화 〈내 사랑 내 곁에〉를 보면 대체의학에 의존하려는 주인공들의 모습이 나온다. 결과는 질병이 더 악화되었다. 그때 담당의가 대체 왜 그랬냐는 식으로 원망 섞인 질문을 한다. 실낱같은 희망이 사라지자 주인공은 절망하고 좌절하게 된다. 이것은 비단 영화 속의 문제만이 아니다. 현실에서도 비일비재하게 일어나는 일이다. 그렇기 때문에 의료진에게 꼭 물어보고 치료를 받는 것이 좋다. 돌다리도 두들겨 보고 건너고 아는 것도 물어봐야 피해를 줄일 수 있다.

간호사의 또 다른 주요 업무는 바로 상담과 정서적 지지다. 사실 매우 숭요한 업무이기도 하지만 많은 간호사들이 감당하지 못하는 부분이기도 하다. 바쁜 업무로 환자들에게 많은 시간을 할애할 수 없기 때문이다. 그렇지만 많은 간호사들이 작은 여유가 생기면 그 시간을 환자의 상담에 사용하려 노력한다.

내가 항암병동에 있을 때의 일이다. 데이 근무를 마치고 퇴근하려는데 신규 환자가 입원했다. 이브닝 근무 간호사에게 환자의 성보지를 받고 퇴근하겠다고 말한 후 병실로 들어갔더니 환자가 울 것 같은 표정으로 앉아 있었다. 그녀는 내가 필요한 것만 묻고 병실에서 나가 주기를 바라는 눈치였다. 최대한 빨리 끝내고 나가 야겠다고 생각하고 정보지를 작성하는데 첫 질문부터 할 말을 잃 었다.

보통 처음에 묻는 질문은 어떻게 병원에 입원하게 되었냐는 물음이다. 그분은 10년 만에 암이 재발해서 항암치료를 위해 입 원했다고 했다. 그녀가 그 사실을 알게 된 것은 입원하기 조금 전 이었다. 검사 결과를 듣기 위해 외래진료를 보았고 그때 주치의에 게서 암이 재발했다는 청천벽력 같은 소식을 들은 것이다. 그녀가 절망할 시간도 없이 바로 항암치료를 위한 입원이 진행되었고 그 렇게 나를 만나게 되었다.

나는 한마디 한마디를 조심스러워하며 이야기를 풀어 가기 시 작했다. 어차피 내 근무는 끝나 시간이 많았으니 여유롭게 환자 의 말을 들을 수 있었다. 사연을 들어 보니 그 환자는 10년 전 암 진단을 받고 치료를 했다. 그리고 완치 판정을 받았다. 자신은 암 을 이겨 냈다고 생각했고 그렇게 암에 대해서 잊어 갈 무렵 10년 만에 재발한 것이다. 나와 면담을 할 때 그녀는 매우 불안정한 상 태였다. 암이 다시 찾아온 데 대한 분노, 죽음에 대한 공포, 건강 을 돌보지 못했다는 자책감, 자신의 운명에 대한 원망 등이 뒤섞 여 있었다.

나는 그녀의 이야기를 다 들어 주었다. 한참을 이야기하다 결국 그녀는 울음을 터뜨렸다. 나는 환자들이 우는 것을 긍정적인 신호로 본다. 특히 암 환자들 같은 경우는 우는 사람보다 더 위험한 것이 괜찮다며 참는 사람이다. 눈물을 흘려 내보내는 일련의 과정들을 통해서 환자들은 자신의 감정을 추스르고 마음의 여유를 가질 수 있게 된다. 그래서 나는 환자들이 울면 오히려 잘했다고 칭찬하는 편이다. 그때도 조용히 휴지를 주며 그녀가 자신의 감정을 흘려 내보내길 기다렸다.

그렇게 한참을 울던 그녀는 조금 진정되었고, 다음 날부터 씩씩하게 치료를 받기 시작했다. 처음에는 다른 환자들과 잘 어울리지도 못했다. 하지만 곧 환자들과 누구보다 신나게 이야기하는 그녀를 발견할 수 있었다. 그녀는 그 후에 이어지는 긴 치료에도 씩씩하게 버텼다. 처음에 재발했을 때의 절망을 밀어내고 그 자리에 의지와 희망을 심은 것이다. 내가 이야기를 들어 주었다고 그 환자가 그렇게 변한 것은 아니다. 시간이 흐르면 그녀는 언제고 그렇게 되었을 것이다. 나는 단지 그 시간을 앞당겼을 뿐이다.

환자의 심리상태는 치료 과정과 치료 효과에 영향을 미친다. 간호사들의 상담과 정서적 지지가 중요한 것은 바로 이 때문이다. 그리고 간호사의 상담과 정서적 지지는 비단 환자뿐만 아니라 보호자에게도 제공되어야 한다. 특히 암과 같은 큰 질병은 환자에게는 물론이고 가족들에게도 엄청난 충격과 고통이다. 그러나 대부분 환자의 고통에 집중하느라 그 환자를 돌보는 가족들을 놓치기 쉽다. 그래서 긴 투병생활을 하는 환자들 보호자 중에는 우울증 증세를 보이는 사람이 많다. 그렇기 때문에 이들도 간호사가 돌봐야 하는 대상자다.

2002년 월드컵 때 히딩크 감독은 축구선수들에게 멀티플레이어가 될 것을 주문했다. 공격수라고 공격만 하고 수비수라고 수비만 하는 것이 아니라 공격과 수비 그 어느 자리에서도 한몫을 해낼 수 있기를 바랐다. 그렇게 훈련한 결과 우리나라 선수들은 멀티플레이어가 될 수 있었다. 그리고 이것은 4강 신화로 이어졌다.

의료현장에서 간호사도 멀티플레이어가 되어야 한다. 간호뿐만 아니라 교육, 상담, 지지자로서 환자와 보호자가 병을 이겨 내는 데 함께해 주어야 하기 때문이다. 내가 알지 못하면 설명할 수 없고, 공감할 수 없다. 그러면 반쪽짜리 간호밖에 할 수 없다. 멀티플레이어로서의 역할을 잘 수행해 나가기 위해서 간호사들은 부단히 노력한다. 배닝 시행되는 보수교육도 이러한 역할을 위한 노력 중 하나다.

혼자서도 온전히 자신의 역할을 해낼 수 있고 함께하면 더 강한 효과를 내는 무용수처럼 간호사도 의료현장에서 그런 존재다. 남이 어떻게 생각하든 간호는 하나의 종합예술이고 의료의 꽃이다. 그러니 자부심을 갖고 자신의 전문성을 높이는 데 매진하기 바란다.

06

나를 간호사로 만든 건
사명감이다

여러분이 정말 불행하다고 느낄 때 세상에는 당신이 해야 할 일이 있다는 것을 떠올려라.
당신이 다른 사람의 고통을 덜어 줄 수 있는 한, 삶은 헛되지 않다.

‑ 헬렌 켈러 ‑

"나는 일생을 의롭게 살며 전문 간호직에 최선을 다할 것을 하느님과 여러분 앞에 선서합니다!"

모든 간호학과 학생들은 실습을 나가기 전 선서식을 한다. 가족과 지인들 앞에서 나이팅게일 선서문을 낭독하며 하나의 간호사로 거듭나기 위한 첫걸음을 내딛는 것이다. 그 당시에는 앵무새처럼 외우기만 했던 이 선서문이 임상에서 일하다 보면 가슴에 와 닿는 순간이 온다. 그때가 바로 진짜 간호사가 되는 순간이다.

간호사들의 역할은 병원에만 국한되지 않는다. 병원이 아닌 곳에서도 환자나 자신의 도움이 필요한 사람이 있으면 기꺼이 도움의 손길을 내민다.

지난여름에 있었던 일이다. 고속도로를 달리고 있던 고속버스가 보호난간을 들이받는 사고가 있었다. 폭발이 일어나기 직전, 승객들은 모두 대피했으나 버스 기사만 대피하지 못하고 있었다. 앞 범퍼가 찌그러지면서 기사의 몸을 누르고 있었기 때문에 피할 수가 없었던 것이다.

지나가던 시민이 자신의 차에 와이어를 연결해 찌그러진 범퍼를 펴기 시작했다. 그러나 버스 기사는 쉽사리 움직일 수 없었다. 그때 한 여성이 버스 위로 올라와 운전석에 갇힌 기사를 빼내려고 갖은 애를 썼다. 시민들과 그 여성의 도움으로 버스 기사는 무사히 대피할 수 있었다. 얼마 지나지 않아 버스는 불에 타 버렸다. 정말 간발의 차이였다.

당시 차는 언제 폭발할지 모르는 상황이었다. 이미 대피한 승객 중 누구도 선뜻 버스 기사를 도우러 차에 올라가지 못하고 있었다. 그때 용감하게 버스 위로 올라가 기사님을 구해 낸 여성, 사람들은 그녀를 의인이라고 칭했다. 그녀의 직업은 간호사였다.

어떻게 그렇게 할 수 있었나, 무섭지 않았느냐는 사람들의 물음에 그녀는 이렇게 대답했다. "그래야 할 것 같아서 그렇게 했다." 어떤 생각을 하고 계획해서 그런 행동을 한 것이 아니라 그저 몸이 먼저 움직였다고 말이다. 영웅이라 칭해진 그녀의 대답에 대부분의 간호사들은 고개를 끄덕일 것이다. 왜냐하면 그녀에게 그 기사는 생사의 기로에서 도움을 필요로 하는 사람이었고, 그녀는 간호사였기 때문이다.

또 다른 의인이 있다. 그 일은 한 버스의 CCTV영상으로부터 시작된다. 퇴근길 버스에는 사람들이 빼곡히 들어차 있다. 움직일 공간조차 없는 그곳에서 갑자기 한 여성이 쓰러진다. 주변의 사람들은 놀라서 우왕좌왕하며 어쩔 줄 모르고 있었다. 그때 한 여성이 인파를 헤치고 쓰러진 여성에게로 다가온다. 그러고는 응급처치를 하기 시작한다.

버스 기사는 인근 파출소에 사람이 쓰러졌음을 알리고 도움을 청한다. 쓰러진 여성은 경찰차로 인근 병원으로 이송되었다. 버스에서 그녀를 응급처치 한 여성도 병원까지 동행하면서 처치를 계속했다. 그렇게 위급한 순간에 적절한 처치를 받았던 그녀는 무사히 병원 치료를 받고 건강을 되찾았다고 한다.

쓰러진 여성을 위해 응급처치를 하고 병원까지 동행했던 여성 또한 간호사였다. 그리고 그녀 역시 자신이 해야 할 일을 했을 뿐이라고 말했다. 그냥 몸이 먼저 움직였다고 말이다. 그녀의 대답은 꾸민 것도 아니고 계산된 것도 아니다. 정말 그 순간 몸이 먼저 반응한 것이다. 왜냐하면 간호사이기 때문이다.

간호사로 일하다 보면 위와 같은 상황을 한 번쯤은 경험하게 된다. 우리는 농담처럼 왜 하필 내 앞에서 쓰러지는지 모르겠다고 말하지만 그 또한 그 사람의 운명이지 않을까 싶다. 하필 간호사

앞에서 쓰러져 제때에 응급처치를 받고 건강해질 운명 말이다. 이외에도 간호사들이 병원이 아닌 현장에서 활약한 이야기는 너무나도 많다.

내가 분만실에서 근무할 때의 일이다. 그날 나는 나이트 근무자였고 시간은 아침으로 향해 가고 있었다. 모든 나이트 근무자들의 희망고문의 시간, 바로 데이 근무자가 출근하기 직전이었다. 이제 1~2시간만 참으면 퇴근이라고 생각하며 뻑뻑한 눈을 비비고 있는데 갑자기 전화벨이 울렸다. 시니어 선생님이 전화를 받더니 바로 분만 준비를 하고 이동용 침대를 가지고 1층으로 올라가 보라고 하셨다.

분만 휴가 중이었던 분만실 선생님이 검진을 위해 병원에 오는 길에 만삭 산모를 만났는데, 그 산모가 진통을 호소하더니 곧 애를 낳을 기세라는 것이다. 보통 초산의 경우 진통이 시작되어도 분만의 진행이 빠르지 않아서 어느 정도 시간의 여유가 있다. 그러나 두 번째 이후의 분만인 경산부의 경우 진통이 시작되면 언제 아기가 나올지 모르기 때문에 초응급 상황이 된다. 그 산모는 경산부였다.

이동용 침대를 가지고 1층에 올라가니 분만실 선생님이 산모를 부축하고 있었다. 산모는 금방이라도 아기를 낳을 듯 힘들어 보였다. 마치 의학드라마의 한 장면처럼 로비에서 산모를 침대에

눕혀 그대로 분만실까지 밀고 들어갔다. 그때 산모의 상태는 이미 자궁문이 다 열려서 몇 번만 힘을 주면 아이를 낳을 수 있을 정도였다. 분만 준비를 하면서 연락했기 때문에 산부인과 의사도 바로 도착했다. 산모는 무사히 건강한 아기를 낳을 수 있었다.

정신없이 휘몰아친 분만이 무사히 끝나고서야 우리는 웃으면서 그 일을 이야기할 수 있었다. 저 산모와 아기는 참 운도 좋다고. 그 위기의 순간에 만난 사람이 하필이면 분만실 간호사라니. 그런 천운이 또 어디 있겠는가. 게다가 그 산모는 우리 병원을 다니는 산모도 아니었다. 아마 본인이 다니는 병원에 검진하러 가던 차에 일이 일어난 것 같았다. 산모의 천운과 선생님의 빠른 상황 판단 덕분에 그녀는 길에서 애를 낳는 불상사를 피할 수 있었다.

성경에 보면 '착한 사마리아인' 이야기가 나온다. 나와 아무런 연관도 없는, 다치고 쓰러진 사람을 간호하고 보살핀 사마리아인의 이야기는 인간이 인간에게 가질 수 있는 연민을 내포하고 있다. 누군가 힘들고 아프고 보살핌을 필요로 할 때 사람들은 그 사람을 도와주고 싶은 마음이 생긴다. 나와 모르는 사람이라도 말이다. 이렇듯 사람은 누구나 다 연민이란 감정을 가지고 있다. 도움의 손길을 내밀고 안 내밀고는 단지 용기의 차이라고 생각한다.

나이팅게일이 활동하기 전에도 간호사들은 환자를 위해서 최선을 다하는 사람들이었다. 누가 그렇게 하라고 시키는 것두 아니다. 혹시 간호사는 이래야 한다는 매뉴얼이 있냐고 물어보는 사람이 있을지도 모르겠다. 내 생각에 간호사들은 인간이 기본적으로 갖는 연민이라는 감정이 특별히 발달된 사람들인 것 같다.

간호사는 그저 본능이 시켜서 그렇게 하는 것이다. 간호사로서 살아온 그 시간들이, 그렇게 체득된 간호사라는 사명감이 우리의 몸을 이끄는 것이다. 누군가 우리의 도움이 필요하다 생각되면 우리는 기꺼이 그들을 도울 준비가 되어 있다. 간호사가 필요한 어떠한 상황에서도 손을 내밀어 주는 그 모습이 바로 우리가 모든 사람들 앞에서 선언했던 나이팅게일의 정신이 아닐까 싶다.

07

다시 10년 전으로
돌아간다면

깊은 한겨울에 나는 마침내 내 안에 완강한 여름이 버티고 있음을 알았다.
- 알베르 카뮈 -

지나간 시간은 늘 후회를 남긴다. 그렇기 때문에 사람들은 종종 시간을 되돌리는 상상을 한다.

'만약 그때로 돌아간다면'

이는 언제나 달콤하고 매력적인 제안이다. 내가 선택하지 않았던 길을 선택할 수도 있기 때문이다.

이것에 관한 배우 김희애 씨의 인터뷰를 본 적이 있다. 시간을 되돌릴 수 있다면 언제로 돌아가고 싶으냐는 기자의 질문에 그녀는 과거로 돌아가고 싶지 않다고 말했다. 그 이유인즉슨 한 사람의 삶이란 한 편의 영화에 비교할 수 있겠는데 자신은 이미 이만큼 찍느라 에너지를 다 소비했기에 다시 찍을 힘도 없고 그러고 싶지도 않아서라는 것이었다.

"내가 어떻게 살아왔는데요. 그 시간을 다시 살라고 하면 나는 자신 없어요."

여태껏 살아온 세월이 아까워서 돌아가고 싶지 않다는 그녀의 인터뷰를 보는 순간 '이 사람도 참 치열하게 살아왔구나'라는 생각이 들었다. 그녀의 대답에는 자신이 지나온 시간에 대한 자부심과 애정이 고스란히 녹아 있었다. 그녀는 누구도 쉽게 내놓지 못할 대답을 했고 그런 그녀가 매우 멋져 보였다.

10년 전, 처음 병원에 입사했을 때 나는 처치간호사로 일했다. 이 제도는 우리 병원에만 있었던, 그것도 내 다음 번에서 없어진 제도였다. 처치간호사란 어느 병동에 소속되지 않고 전 병동을 돌면서 바이탈 사인만 재는 간호사를 말했다. 우리는 호출기를 들고 온 병동을 다니면서 혈압과 맥박, 체온을 쟀다.

아마도 이 처치간호사라는 제도는 신규 간호사는 뽑아 놨는데 정원이 나질 않아 생각해 낸 방법인 것 같았다. 심지어 처치간호사는 계약식으로 구분되어 시급 5천 원으로 월급을 계산해 받았다. 분명 정직원으로 면접을 보고 입사했음에도 말이다. 그래서 나는 9월 3일부터 병원에서 일했지만 입사일은 11월 1일로 되어 있다.

수술 환자의 시간당 혈압, 맥박을 재는 것도 처치간호사의 몫이었다. 그때는 기존 병동의 간호사들이 그렇게 미울 수가 없었다. 그들은 수술 환자의 최초 바이탈 사인도 나를 콜해서 재라고 했다. 수술 직후 환자 상태를 확인하는 것은 그들의 의무이기도 했는데 말이다.

한번은 나이트 근무를 하고 있는데 콜이 왔다. 아이가 열이 난다는 것이다. 그래서 시간당 체온을 재야만 했다. 그 아이는 처음에 체온을 쟀을 때도 열이 38도였다. 나는 그때 아이의 체온이 높다고 담당 선생님께 말했고 그 선생님은 알겠다고 했다. 그 뒤로 아이는 체온이 쭉 높은 상태였다. 나는 시간마다 아이의 체온을 재서 기록했다.

잠시 후 콜이 왔다. 그 병동이었다. 담당 선생님은 아이가 계속 열이 나는데 왜 자신에게 알리지 않았냐고 화를 냈다. 어이가 없었다. 기존에 열이 나는 아이였고 최초에 내가 38도라고 말했으면 그다음은 자신이 챙겼어야 하는 것이 아닌가.

그 선생님의 말로는 아이에게 해열제가 투입되었다고 한다. 그런데 열이 떨어지지 않으니 문제였다고 한다. 내가 열이 떨어지지 않는다고 말을 해 줬어야 했다고 말이다. 내가 해열제가 들어갔는지 알게 뭔가. 나에게 어떤 언급도 하지 않았는데 말이다. 내가 만약 그 선생님의 입장이었으면 내가 나서서 챙겼을 것이다. 그러나 그녀는 나에게 화를 냈다. 너 때문에 아이가 잘못되면 어쩔 것이냐며 나를 다그쳤다.

순간 울컥한 감정이 표정에 고스란히 드러났다. 그것을 보고 그 선생님은 나에게 더 화를 냈다. 책임감도 없고 감정만 앞세운다며 인격적으로 비난했다. 할 말은 많았지만 할 수가 없었던 나는 그저 죄송하다고만 했다. 사실 죄송하다는 생각을 조금도 하지 않았지만 말이다.

그때 탈의실에서 한참을 울었던 것 같다. 참고로 처치간호사는 소속된 곳이 없기 때문에 쉴 공간도 없었다. 그래서 병동 선생님들과 같이 탈의실을 썼었다. 그런데 그나마도 출퇴근 시 선생님들이 옷을 갈아입을 때는 비켜 줘야 했다. 그래서 잠깐의 휴식시간이 생기면 옥상으로 가는 계단에 쭈그리고 앉아서 쉬곤 했다. 그나마 나이트 때는 아무도 없기 때문에 탈의실에서 쉴 수 있었다. 너무 자존심이 상하고 서러워서 울었다. 대체 내가 왜 이런 대접을 받아야 하는지도 모르겠고 그저 병원을 그만둬야겠다는 생각만 했었다.

그러나 나는 병원을 그만두지 않았다. 거기서 도망가고 싶지 않았기 때문이다. 간호사로 10년을 버티게 한 독기와 오기는 그때부터 생겼던 것 같다. 그렇게 시간을 보내다 보니 정직원이 되었다. 그러곤 병동으로 발령이 나서 신규 트레이닝을 받고 간호사로 일할 수 있게 되었다.

세상에 어떤 일이든지 그냥 있는 일은 없다. 그때 당시에는 그 시간이 지옥 같았다. 그런데 돌이켜 생각해 보니 그 순간이 있었기에 내가 무엇을 해야 하는지를 잘 알게 된 것 같다. 그 경험을 통해 나는 어지간한 일은 스스로 하는 법을 배웠고 타인의 도움에 감사하는 법을 배웠다.

처치간호사라는 제도는 내가 병동으로 발령 나고 몇 개월 뒤에 완전히 없어졌다. 그때 많은 기존 간호사들이 힘들어했었다. 바이탈 측정은 본인의 일이 아니었는데 본인의 일이 되었으니 익숙하지 않은 업무에 업무량이 늘었다고 불평했다. 그러나 나는 아무렇지 않았다. 혈압을 재는 것은 이골이 날 정도로 많이 해 봤기 때문이었다. 그 처치간호사의 생활이 있어서 안 그래도 느렸던 신규 시절 내 업무 속도가 더 늦어지지 않을 수 있었다. 그만큼 더 혼나지 않았으니 나에게는 이득이었다.

나는 어디에 가서도 당당하게 밑바닥부터 시작했다고 말한다. 그것은 나의 자부심이고 자랑이다. 그리고 나의 10년을 지탱해 준 원동력이기도 하다. 남들은 창피한 일이지 그게 왜 당당한 일이냐고 묻기도 한다. 만약 내게 그 처치간호사 시절이 없었다면 나는 삭은 고난에도 휘청거리며 힘들어했을 것이다. 그러나 그 시간을 견뎌 냈기에 나에게는 힘든 일을 버텨 낼 수 있는 근육이 생겼다. 어지간한 일들은 웃어넘길 수 있는 여유도 생겼다.

또한 나는 처치간호사로 일하면서 전 병동을 다닐 수 있었다. 그때 다양한 환자들과 간호사 선생님들을 알게 되었다. 그리고 이때 알게 된 인연들은 나의 병원생활에 많은 도움을 줬었다. 나는 항암병동에서 근무할 때도 환자들과 따로 라포(rapport)를 형성할 필요가 없었다. 오래 투병했던 환자들은 이미 나를 알고 있었기 때문에 오히려 이번에 이쪽으로 발령 났냐고 묻기까지 했다. 그래서 나는 좀 더 여유롭고 편안하게 환자들에게 다가갈 수 있었다. 이쯤 되면 자랑할 만하지 않은가?

"시련은 변형된 축복"이라는 말이 있다. 그 순간에는 견디기 힘들지만 그때의 경험들은 깨달음으로 내 안에 남게 된다. 그리고 그 깨달음은 살아가면서 만나는 어떠한 상황에서 나에게 도움을 준다. 그래서 우리는 다른 어려움을 헤쳐 나갈 수 있게 되는 것이다.

내가 만약 시간을 되돌려 10년 전으로 돌아간다면 덜 울고 더 많이 배울 것이다. 지금 이 순간이 나에게 얼마나 귀한 경험의 시간인 줄 알고 있기에 그 안에서 최대한 많은 깨달음을 얻으려 노력할 것이다. 곧 내가 입사한 지 꼭 10년이 되는 날이 온다. 만약 시간을 되돌려 그때로 돌아간다면 울고 있는 나에게 말해 주고 싶다 지금 이렇게 울고 있지만 이 경험들이 모여서 큰 자산이 될 것이라고. 그것이 앞으로의 너의 인생에 도움이 되어 줄 것이라고 말이다. 그러니 울지 말고 일어나라고.

간호사라서
다행이야

다른 사람을 위하고, 공감하고, 그에게 영향을 남기면 행복이 온다.
- 해롤드 쿠쉬너 -

내가 즐겨 보는 웹툰 중 〈잡다한컷〉이라는 만화가 있다. 각 직업들의 특징이나 애환을 그린 만화다. 작가가 얼마나 사전조사를 철저하게 했는지 각 직업군에서 폭발적인 호응을 얻고 있다. 직접 일하는 사람이 아니고서는 알기 힘든 내용들까지 잘 그려냈기 때문이다.

물론 간호사도 다루어졌다. 나 역시 간호사 편을 보면서 함께 울고 웃으며 위로를 받았다. 그중 간호사 편 마지막 이야기가 기억난다. 환자가 퇴원하면서 간호사와 인사를 하는 장면이었다. 환자는 그동안 고마웠다고, 헤어져서 아쉽다고 말하며 간호사들의 손을 꼭 잡고 있다. 그 손을 마주 잡은 간호사들은 웃으면서 다시는 보지 말자고 말한다.

사람과 사람의 만남은 반갑고 즐거운 것이지만 언제나 그런 것은 아니다. 특히 병원에서의 만남은 반갑고 즐겁기보다는 안타깝고 슬플 때가 많다. 그래서 병원에서는 다시 보지 말자는 인사가 오히려 덕담이 된다.

오늘도 한 환자의 치료가 끝났다. 방사선 치료는 보통 한 번 시작하게 되면 5~9주가량 지속된다. 그 기간 동안 매일 보다 보면 정이 들 수밖에 없다. 환자들은 치료의 마지막 날이 오면 많이 아쉬워하고 불안해하기도 한다. 그동안은 의료진들이 항상 곁에 있었는데 이제는 혼자 관리를 해야 하니 불안한 것이다. 매일 만나서 인사하며 환자와 의료진을 떠나 정을 나눈 사람들과 이별해야 하니 아쉬운 것이다. 이별의 순간에 언제나 나는 이렇게 말한다.

"궁금하신 것이 있으면 언제라도 전화 주세요. 혼자서 끙끙 앓지 마시고요. 제가 전화 받을게요. 그리고 우리 자주 봐서 좋은 사이 아니에요. 나중에 심심히면 놀러만 오세요. 아파서 오시면 제가 구박할 거예요."

물론 다시 오신 분들을 구박하지는 않는다. 그러나 그분들을 병원에서 다시 보고 싶지 않은 마음은 진심이다. 가끔 진짜로 놀러 오시는 분들이 있다. 근처를 지나다가 들렀다며, 혹은 외래 진료가 있어 온 김에 들렀다는 그분들은 치료받을 때와 사뭇 다른 모습이어서 못 알아본 적도 많다.

처음에 우리가 환자를 만날 때는 수술한 직후이거나 또는 항암치료로 아주 힘들어하고 있을 때다. 표정도 어둡고 암울하다. 특히 항암치료를 받는 환자들은 머리카락도 없고 안색도 좋지 않다. 그런 분들이 치료가 끝나고 2~3년 후에 오면 못 알아보는 경우가 허다하다. 일단 표정이 밝다. 표정이 밝아지니 인상이 달라지고 안색이 달라지기 때문이다. 거기에 머리까지 자라 있으니 병원이 아닌 다른 곳에서 봤다면 못 알아보고 지나칠 수 있을 정도다.

이렇게 아파서 들어와서 힘든 치료를 끝내고 밝게 웃으며 돌아가는 환자들을 보면 내 직업이 참 좋은 직업이라는 생각이 든다. 세상에는 타인을 도울 수 있는 직업들이 많다. 간호사도 그중 하나다. 특히 간호사의 경우 직접적인 도움을 줄 수 있다는 특징이 있다.

또한 간호사는 예민한 직업 중 하나다. 자신의 모든 감각을 동원해서 환자의 상태를 살펴야 하기 때문이다. 환자의 상태는 눈에 보이지 않는 경우가 많다. 그러므로 작은 단서라도 놓치지 않고 알아챌 수 있는 예민함이 필요하다.

예를 들어 갑상선 수술을 한 환자의 경우 수술 부위에 혈종이 생길 수 있다. 그래서 수술 직후 환자의 반응을 잘 살펴야 한다. 흔히들 목이 조인다고 표현하는데 때로는 그 표현도 안 하는 환자가 있다. 우리네 어머니들은 참는 데 이골이 나서 어지간한 것들은 다 참아 넘기기 때문이다. 그래서 나는 환자에게 꾸준히 말을 건다. 잘 대답하던 환자가 어느 순간 대답을 못할 때가 있다. 그런 경우 수술 부위에 혈종이 생겼을 확률이 아주 높다.

수술 부위에 생기는 혈종은 바로 재수술에 들어가야 할 정도로 응급 상황 중 하나다. 특히 갑상선 수술처럼 수술 부위가 호흡기에 인접해 있으면 혈종으로 인한 질식도 있을 수 있기 때문에 주의 깊게 살펴봐야 한다.

그렇기 때문에 평소 본인의 성격이 예민하든 아니든 간호사로 임상에 있을 때는 날카로운 감각을 지니도록 노력해야 한다. 그리고 자신의 감각에 거슬리는 어떤 것도 지나치지 말아야 한다. 그것이 하나의 징후가 되기 때문이다.

몇 년 전 방사선 치료를 받던 유방암 환자가 있었다. 그 환자가 어느 날부터인가 자꾸 머리가 아프다고 하는 것이었다. 밤에 잠을 잘 못 자서 그런 것 같다고 했다. 환자는 수면제를 먹고 잤음에도 지속적인 두통을 호소했다. 통증은 심해졌고 진통제로도 효과가 없는 듯했다.

그러던 차에 치료를 받으러 치료실에 들어가던 환자가 휘청거렸다. 다행히 넘어지지는 않았지만 걷는 모습이 매우 위태로워 보였다. 나중에 이야기를 들어 보니 병원에 오는 길에 넘어진 적도 있다는 것이다. 나는 즉시 과장님께 말씀드렸고, 과장님은 환자 주치의에게 환자 상태를 알리고 뇌 CT를 찍었으면 좋겠다고 했다. 그날 환자는 뇌 CT를 찍었다. 판독 결과 뇌에 암이 전이된 상태였다.

만약 그 환자가 지속적으로 알려 온 징후를 우리가 알아채지 못했다면 환자는 더욱더 고통스러운 상황을 맞이했을 것이다. 다행히 너무 늦지 않은 시기에 발견되어 뇌의 종양까지 다 치료할 수 있었다. 생사의 기로를 넘나들던 순간이었다.

나는 가끔 "뒤통수가 땅긴다."라는 표현을 쓴다. 이 표현은 환자는 증상을 호소하는데 검사 결과상 이상이 없다고 나올 때 주로 쓴다. 뭐라 말할 수는 없지만 예감이 좋지 않은 경우에 쓰는 표현이다. 그리고 그중 종종 다른 곳에 전이된 사실을 발견해 내기도 한다. 그렇기 때문에 환자가 하는 표현, 상황, 증상 모든 것을 자신의 눈과 귀로 보고 느껴야 한다.

환자에게 모든 신경을 집중하다 보면 지칠 때가 많다. 아마 간호사들의 문화가 부드럽지 못한 것도 높은 업무 강도와 생명을 다룬다는 특수성 때문일지도 모른다. 그러나 환자들은 자신의 증상에 대해 알지 못한다. 왜 여기가 아픈 것인지, 내가 지금 왜 밥을 못 먹는 것인지 환자들은 모른다. 그로 인해 더 불안한 것이다.

"자라 보고 놀란 가슴 솥뚜껑 보고도 놀란다."라는 속담이 있다. 한 번 크게 아팠던 사람들은 작은 증상 하나하나에도 놀라고 무서워한다. 물었던 말을 열 번, 스무 번 다시 묻는 사람들도 있다. 같은 대답을 계속해 주다 보면 간호사도 사람이지라 짜증도 난다. 그러나 그 사람들은 그 답변을 믿지 못해서 또다시 질문하는 것이 아니다. 그들은 확인받고 싶은 것이다. 지금 자신의 증상이 또 다른 병의 징후가 아니라는 것을 계속해서 확인받고 싶은 것이다.

이렇듯 우리의 말 한마디, 한마디에 환자들은 울고 웃는다. 우리는 말 한마디로도 누군가에게 위안이 되어 줄 수 있고 희망이 되어 줄 수 있는 사람들인 것이다. 누군가 천국이 있다면 그곳에는 간호사들이 많이 있을 것이라고 했다. 오롯이 타인을 위해 땀 흘리고 봉사하는 사람들이기 때문이다. 나조차도 아껴 주지 않는 내 직업을 고마워하는 사람들이 있다. 아마도 그러한 사람들이 있기에 우리는 또다시 힘을 내고 의료현장으로 되돌아가는 것 같다. 간호사는 환자와 함께 있을 때 가장 큰 능력을 발휘하는 존재이기 때문이다.

PART 2

현직 간호사가
알려 주는 간호사
취업 실전 노하우

자신감이
최고의 무기다

그 누구도 당신의 동의 없이 당신을 열등하다고 느끼게 할 수 없다.
- 엘리노어 루스벨트 -

바야흐로 청년실업 100만 시대다. 대학을 나와도 취업하지 못하는 청년들이 도처에 있다. 이는 사회적 문제로 이어진다. 그에 비하면 간호사는 취업에서 조금 여유로울 것이라 사람들은 생각한다. 그러나 누구나 다 좋은 기업에 들어가고 싶듯이 간호사 또한 내형병원에 취직하기를 원한다. 이른바 빅5 병원들(삼성의료원, 아산병원, 서울대병원, 세브란스병원, 성모병원) 말이다.

많은 취업준비생들이 그러하듯 예비 간호사들도 취업에 많은 부담을 느끼고 있다. 특히 간호학과는 특성상 성적이 소수점으로 나뉘기 때문에 더 예민해질 수밖에 없다. 그래서 많은 간호학과 졸업 예정자들은 다른 취업준비생들과 똑같이 이것저것 준비하면서도 불안해한다.

취업을 성공으로 이끄는 것은 과연 무엇일까? 학점, 스펙, 외모 등등 많은 답변이 나올 것이다. 그러나 가장 중요한 것은 바로 '자신감'이다.

〈최 진사 댁 셋째 딸〉이라는 노래를 보면 자신감이 얼마나 중요한지 알 수 있다. 이 노래는 최 진사 댁 셋째 딸이 예쁘다고 소문이 나서 주위의 모든 청년들이 구애를 하게 된다는 내용이다. 가사에는 먹쇠도 밤쇠도 말도 못 꺼내 보고 불호령만 들었지만 '나'는 당당하게 사위가 왔다고 이야기해서 최 진사의 셋째 딸과 혼인할 수 있었다는 내용이 나온다.

여기에서 '나'는 먹쇠와 밤쇠보다 더 대단한 사람이었을까? 아니었을 것이다. 사는 형편부터 모든 것이 다 고만고만했을 것이다. 만약 먹쇠와 밤쇠가 혼쭐이 나는 모습을 보고 겁을 먹어 포기했다면 '나'는 셋째 딸과 혼인하지 못했을 것이다. 그러나 '나'는 오히려 더 당당하게 "이 댁 사위가 왔다!"라고 큰소리치며 최 진사 댁으로 들어간다.

그의 승부수는 바로 이것이었다. 당당함, 그리고 자신감. 앞선 친구들의 실패를 보고 같은 방법을 쓰면 자신에게도 승산이 없음을 깨닫고 친구들이 쉽게 생각해 내지 못한 방법으로 접근했다. 위험 부담이 큰 도박이었으나 자신 있게 베팅했고 마침내 잭팟을 터뜨린 것이다.

취업 또한 어찌 보면 도박이라고 할 수 있다. 당첨될 확률이 높은 쪽에 거느냐 아니냐의 차이일 뿐이다. 그리고 많은 사람들이 그 당첨될 확률을 높이기 위해 스펙을 쌓는다. 그렇게 차고 넘치는 스펙을 쌓고도 쉽게 승부수를 던지지 못한다. 나보다 더 많은 스펙을 자랑하는 사람에게 밀리지 않을까 하는 불안감 때문이다.

지방 전문대 출신으로 모두가 바라는 병원 중 하나인 삼성서울병원에 입사한 간호사가 있다. 그녀는 거기에서 머무르지 않고 꾸준히 도전해서 지금은 뉴욕에서 간호사 생활을 하고 있다. 바로 《간호사라서 다행이야》의 저자 김리연 씨다. 그녀는 지금도 어떻게 삼성서울병원에 합격할 수 있었느냐는 질문을 받는다고 한다. 그런데 그녀 자신도 합격한 이유를 정확히 알지 못한다고 한다. 그러나 나는 그녀의 합격의 원동력은 자신감에 있었다고 생각한다.

처음에 그녀가 삼성서울병원에 입사하겠다고 말했을 때 주변의 반응은 모두 부정적이었다 서울의 좋은 대학을 나와도 들어가기 힘든 곳을 지방 전문대 출신인 그녀가 갈 수 있겠냐는 것이었다. 마치 먹쇠도 밤쇠도 말도 못 꺼내 보고 불호령을 들었는데 네가 가면 뭐 다르겠냐는 것과 같은 반응이었다. 만약 그녀가 그때 사람들의 부정적인 반응에 순응하고 납득했다면 지금 우리는 김리연 씨의 이야기를 만날 수 없었을 것이다.

그녀는 부정적인 주위의 반응을 신경 쓰지 않았다. 자신이 원하는 것을 향해 그것만 보고 달린 것이다. 어쩌면 해 볼 만한 일이라고 생각했을 수도 있다. 어쨌거나 그녀는 자신을 믿었고 도전했고 이루었다. 그리고 그녀의 취업 스토리는 많은 간호학과 취업 준비생들에게 희망을 심어 주었다.

'내가 할 수 있을까?' 이런 생각이 든다면 그녀를 생각하라. 그녀도 많은 고민을 했고, 많은 두려움이 있었을 것이다. 그러나 그 모든 것을 이겨 내고 자신감을 갖고 면접에 응했고 마침내 합격했다. 그리고 자신과 처지에 있는 다른 학생들에게 동기부여를 주었다. 만약 내가 도전해서 성공한다면 다른 사람들이 나를 보며 희망을 가질 수 있다고 생각해 보라. 그러면 용기가 생길 것이다.

자신감은 그 어떤 것보다 강력한 스펙이며 무기다. 그리고 가장 빛나는 장신구이기도 하다. 배우 김혜수 씨는 수년 동안 청룡영화제의 진행을 맡아 왔다. 명실상부 '청룡의 여인'이라 불리는 그녀는 매해 놀라울 만큼 파격적인 의상을 선보이는 것으로도 유명하다.

다른 여배우들이 쉽게 소화해 내지 못하는 의상들을 그녀는 마치 자신의 몸인 듯 소화해 낸다. 때로 노출이 심한 의상을 입을 때도 있지만, 이상하게도 그녀가 입으면 야하다는 생각이 들지 않는다. 이것이 바로 '김혜수 효과'다.

그녀의 의상을 더욱 빛나게 하는 것은 바로 그녀의 자신감 있는 태도다. 언젠가 그녀가 가슴만 겨우 가린 드레스를 입은 적이 있었다. 만약 다른 사람 같았으면 그 드레스가 신경 쓰여서 안절부절못했을 것이다. 옷을 입은 사람이 불편해하면 보는 사람도 불편하게 마련이다. 특히나 연예인처럼 대중들에게 노출되는 직업의 경우 쉽게 사람들의 입에 오르내리게 되고 이미지에도 큰 영향을 받게 된다.

그러나 그녀는 당당하게 가슴을 펴고 레드카펫을 걸었다. 의상이 조금만 흘러내려도 아찔할 수 있는 상황에서도 그러한 일을 조금도 염두에 두지 않는다는 듯이. 그러한 자신감은 그녀를 더욱 당당하고 빛나게 만들었다. 그렇기에 김혜수 씨가 아무리 노출이 심한 옷을 입어도 대중들은 납득한다. 옷이 아니라 김혜수 씨의 자신감을 보기 때문이다. 저 사람은 저 옷을 입을 자격이 있다고 받아들이는 것이다.

우리는 어렸을 때부터 순서를 매기는 데 익숙해져 있다. 성적에 따라 나뉘고 등급에 따라 나뉘고, 스펙에 따라 나뉜다. 그래서 도전보다는 일찌감치 포기하는 것에 익숙해져 있다.

'안 될 거야. 나보다 잘난 저 사람도 안 됐는데, 내가 될 리가 없어'

이러한 생각들이 발목을 붙잡는다. 그래서 혹시라도 생길 수 있는 기회조차 스스로 차단해 버리고 만다. 나보다 잘난 사람도 되지 않는다는 것이 나도 되지 않는다는 뜻은 아니다. 그 사람이 가지지 못한 것을 내가 가지고 있을 수도 있는 것이다.

해 보지도 않고 지레 겁먹고 안 될 것이라고 포기해 버린다면 원하는 것은 영원히 내게 오지 않는다. 무엇이든 도전해야 얻을 수 있다. 문도 두드려야 하고 구슬도 꿰어야 한다. 세상에는 생각만 해서 이뤄지는 것은 아무것도 없다. 어떤 행동도 하지 않으면서 내가 원하는 것들이 알아서 내 손에 쥐어지기를 바란다면 그것은 너무 큰 욕심이다. 두려워하지 말고 당당하게 자신 있게 임해라. 그리고 꼭 잭팟을 터뜨리기 바란다.

02

잘 쓴 자기소개서
열 스펙 안 부럽다

자기 자신을 믿어야 한다. 우리는 스스로 생각하는 것보다 훨씬 더 많은 것을 가지고 있다.

— 벤저민 스포크 —

"저는 화목하고 단란한 집안의 1남 1녀 중 맏이로 자라…." 설마 아직도 이렇게 시작하는 자기소개서를 쓰고 있는가? 제발 그런 사람은 없길 바란다. 저것은 내가 취업을 준비하던 10년 전에도 진부하다고 여겨지던 양식이었다. 만약 지금도 저런 자기소개서를 쓰고 있다면 그 사람은 진심으로 반성해야 한다.

우리는 자기소개서의 중요성을 간과할 때가 많다. 인터넷에서는 자기소개서가 돈 벌기 위해 취업한다는 말을 보기 좋게 포장한 것이라는 우스갯소리가 떠돈다. 이렇듯 자기소개서는 많은 취업준비생들에게 계륵 같은 존재다. 중요하지 않아 보이지만 그래도 대충 넘어갈 수 없는 그런 것 말이다. 그저 취업을 위한 필수항목으로만 생각하기 쉬운 자기소개서를 잘 작성하면 의외의 효과를 볼 수도 있다. 특히 요즈음 블라인드 전형이 간호사 취업에도 적용되는 추세라 자기소개서의 중요성은 더 높아지고 있다.

가끔 너무 힘을 주다 보니 자기소개서에 자신의 이야기가 아닌 소설을 쓰는 사람이 있다. 자신의 이야기에 어느 정도 첨가를 하는 것은 애교로 봐 줄 수 있지만 너무 과장해서 쓰는 경우가 문제다. 우리가 '자소설'이라고도 하는 그것이다. 그러나 자소설은 면접에서 들통날 확률이 있기 때문에 지양해야 한다.

또한 인터넷에 올라와 있는, 잘 작성된 자기소개서를 베끼는 경우가 있다. 한 인사담당자의 말에 의하면 이렇게 인터넷을 베끼는 사람들이 꽤 많다고 한다. 그래서 읽다 보면 같은 내용의 자기소개서를 제출한 지원자를 여러 명 볼 수 있다는 것이다. 이런 경우 서류전형에서 통과되기 매우 어렵다. 아니, 그냥 서류전형에서 탈락한다고 보면 된다. 이것은 기본적인 문제이기 때문이다.

그러면 어떻게 써야 자기소개서를 잘 쓰는 것일까?

첫째, 질문에 맞는 답변을 해야 한다. 얼핏 보면 잘 작성된 자기소개서 같은데 자세히 보면 질문과 다른 대답을 하는 경우가 많다. 예를 들어, 나를 크게 변화시켰던 특별한 경험과 그것을 통해 배운 점이 무엇인지 구체적으로 서술하라는 질문이 있다. 그 질문에 A와 B라는 지원자가 각각 답변을 했다.

지원자 A: 실습할 때 험상궂은 인상의 한 남자 환자가 입원했습니다. 인상도 험상궂고 몸에 문신도 새겨져 있어서 사람들은 그 사람이 건달일 것이라고 말했습니다. 저 또한 그렇게 생각하고 편견을 가지고 환자를 대한 적이 있습니다. 그러나 그것은 오해였고 저는 사람을 겉모습으로만 판단하면 안 된다는 사실을 깨달았습니다. 그때부터 저는 단편적인 것들로 사람을 판단하지 않기로 했습니다.

지원자 B: 실습할 때 험상궂은 인상의 남자가 입원한 적이 있었습니다. 몸에 문신까지 하고 있었던 그 사람은 누가 봐도 건달의 모습이었습니다. 사람들은 그 사람과 가까이하려 하지 않았고 저 또한 그랬습니다. 어느 날 혈압을 재는데 평소보다 혈압이 높게 나와 어디 불편하신 곳이 있느냐고 물었습니다. 그랬더니 수술 부위가 아프다고 했습니다. 즉시 간호사 선생님께 알려 진통제를 맞을 수 있게 했습니다. 나중에 그 환자가 저에게 고맙다고 인사했습니다. 그때 이 사람이 건달이든 아니든 지금 내가 돌봐야 할 환자일 뿐이라는 사실을 깨달았습니다. 사람들은 겉모습이나 편견으로 사람을 대하지만 아파서 병원에 온 이상 모두 똑같은 환자입니다. 그리고 간호사는 환자의 치료를 위해서 최선의 노력을 기울여야 하는 사람입니다. 그 이후로 저는 겉모습으로 사람을 판단하는 습관을 버리고 환자와 질병에 집중하는 간호사가 되겠다고 다짐했습니다.

A와 B의 차이점이 느껴지는가? 두 예시 모두 똑같은 상황을 사례로 들었다. 그러나 A는 질문에 대한 답이 모호하다. 무엇을 크게 변화시켰는지 알 수가 없고 깨달음 또한 너무 간단하다. 그리고 A의 가장 큰 문제점은 건달인 줄 알았던 환자가 사실은 건달이 아니었기 때문에 사람을 겉모습으로 판단하면 안 된다는 깨달음을 얻었다는 것이다. 그 환자가 정말 건달이었으면 어떻게 할 것인가? A는 질문에서 비껴 난 대답을 했고 그 대답 또한 다른 공격의 빌미를 주고 있다.

B의 경우를 보자. 자신의 태도를 변화시킨 깨달음의 순간을 자세하게 표현하고 있다. 그리고 그에 따른 변화도 설명하고 있다. A는 사실 건달인 줄 알았던 환자가 건달이 아니라서 겉모습만 보고 사람을 판단하는 자신의 편견을 고쳐야겠다고 했다. 그러나 B는 그 환자가 건달일 수는 있겠으나 아파서 병원에 입원한 이상 한 명의 환자에 불과하다는 사실을 인지하고 환자를 편견 없이 대해야겠다고 답했다. B는 질문에 맞는 대답을 했을 뿐 아니라 덤으로 간호사의 기본 덕목까지 챙긴 셈이다. 면접관이 어떤 자기소개서를 선택할지는 쉽게 추측이 가능하다.

둘째, 너무 친절하지 않아야 한다. 이건 또 무슨 소리인가 싶을 것이다. 나에 대해서 너무 자세하게 알려 줄 필요가 없다는 것이다. 남녀가 서로 밀당을 할 때 자신의 모든 것을 다 보여 주는 경우가 있는가? 그런 경우는 없다. 다 보여 주면 쉽게 질릴 것이라고 생각해서 하나씩 하나씩 감칠나게 자신을 보여 준다. 자기소개서는 일종의 밀당과도 같다. 나를 알려 주되 다 알려 줄 필요는 없는 것이다.

구구절절하게 쓴 자기소개서는 읽는 사람에게도 지겹게 느껴진다. 또한 자기소개서에 모든 것을 다 적어 놓으면 면접관은 이미 지겹게 알고 있는 사실을 귀로 또 듣게 된다. 그러니 약간의 궁금증은 남겨 놓는 것이 좋다. 자기소개서를 보고 면접관이 나에게 유리한 질문을 던질 수 있다면 더욱 좋다.

셋째, 자신만의 스토리를 써야 한다. 스펙이 모자란 사람들이 승부수를 띄워야 하는 것이 바로 이 부분이다. 대체로 스펙이 모자란 사람들은 대신 다른 활동들을 활발히 한 경우가 많다. 그것을 다른 스펙들을 대체할 수 있을 만큼 특별한 자신만의 이야기로 만들어야 한다.

나는 학과 생활을 할 때 몹시 바빴다. 학과에서는 학생회 활동을 했고, 학부에서는 연극동아리 활동을 했으며 주말에는 성당에서 주일학교 교사를 했다. 나는 이 경험들을 잘 포장해서 자기소개서에 담았다. 나의 경험들을 스펙으로 만든 것이다.

보통 이런저런 활동을 하게 되면 사람들과 많이 부닥치게 된다. 이때 힘들었던 일, 즐거웠던 일들을 통해 얻었던 교훈이나 깨달음들을 적어 주면 좋다. 간호사는 사람을 상대하는 직업이라 인간관계를 가장 많이 힘들어한다. 그렇기 때문에 사람을 상대하는 일을 미리 겪어 보고 그 나름의 대응책을 마련한 지원자를 환영할 수밖에 없다.

자기소개서는 자신을 포장하는 포장지 같은 역할을 한다. 우리가 선물을 받았을 때를 생각해 보자. 포장을 뜯기 전까지는 내용물이 어떤 것인지 알지 못한다. 가장 먼저 확인할 수 있는 것은 포장 상태다. 어떤 포장지를 썼는지, 리본은 어떻게 묶었는지, 이러한 것들을 확인하면서 선물을 예상하기도 선물에 대한 기대치를 높이기도 한다. 잘 쓴 자기소개서는 멋진 포장지와 같다.

누구나 자신만의 이야기를 가지고 있다. 본인의 노력 여하에 따라 그 이야기는 또 다른 스펙이 될 수도 있다. 자신의 경험을 멋진 무늬로 녹여낼 수도 있고, 그냥 밋밋한 단색으로 표현할 수도 있다. "보기 좋은 떡이 먹기도 좋다."고 좀 더 멋지고 아름답게 자신을 포장해 보자. 안의 내용물이 무엇인지 궁금할 만큼 말이다.

03

나만의 강점을
매력적으로 포장하라

자신이 어떤 사람인지를 깨달을 때 우리는 비로소 자유로움을 느낄 수 있다.

– 에크하르트 톨레 –

입사 1년 차 때였다. 나이트 근무를 하던 중 잠깐 여유가 생겨서 동기와 같이 이야기를 하고 있었다. 이야기는 자연스레 입사 때로 거슬러 올라갔다.

"세실아, 너 어떻게 이 병원에 들어왔어?"

"웃었어."

"그거 말고 어떻게 해서 면접에서 붙었냐고."

"그러니까 웃었다고."

"학교 성적이 좋았나 보다."

"아니, 나 성적 별로였는데. 웃었다니까 왜 안 믿어."

내 이야기가 너무 터무니없었는지 동기는 몇 번이고 같은 질문을 했다. 아마 다른 사람들도 같은 생각일 것이다. 그러나 저 말은 진짜 사실이었다.

면접을 앞두고 나는 극도의 긴장상태였다. 학과 성적은 좋지 않았고, 따로 준비한 자격증도 없었다. 이미 두 번의 실패를 맛봤고 심지어 면접까지 올라온 것은 처음이었던 것이다. 뭘 어떻게 준비해야 할지도 몰랐다. 그때 다른 동기들은 취업 가이드 책을 보면서 공부하기도 했는데 무슨 배짱이었는지 난 그것도 보지 않았다. 아니 볼 여유가 없었다는 것이 더 맞는 표현일 것이다.

그래도 자신감을 갖고 면접에 임하자고 스스로를 격려하며 면접장으로 향했다. 면접장에 들어서서 보니 다들 쟁쟁했다. 나보다 예쁘지 않은 사람이 없어 보였다. 다들 나보다 성적도 스펙도 뛰어난 것처럼 보였다. 나는 순식간에 기가 죽었다. 이러다가는 면접도 망하고 취업도 망하겠다는 생각이 들었다. 나만의 방법을 찾아야 했다. 그 순간 생각난 것이 내가 웃음이 많다는 사실이었다.

내가 고등학교 1학년 때, 담임선생님이 잘 웃는 사람을 좋아한다고 말씀하신 적이 있었다. 그때 선생님께 예쁘게 보이고 싶은 마음에 늘 웃었던 적이 있었다. 지성이면 감천이라고 노력이 통했는지 담임선생님은 나를 꽤 예뻐 하셨다. 그렇게 잘 웃는 것이 습관이 되었고 나는 잘 웃는 사람이 되었다.

나의 유일한 강점이 그것이니 써먹어야 하지 않겠는가? 나는 그때까지 열심히 보고 있던 면접 관련 자료들을 모두 덮었다. 그리고 자기암시를 하기 시작했다.

'나는 밝고 긍정적인 사람이다. 나는 온화한 미소를 가진 간호사다'

그렇게 한참을 속으로 곱씹다 보니 내 차례가 되었다. 면접장에 들어간 순간 어쩌나 긴장되던지 다리가 후들거렸다. 달달 떨리는 내 다리가 면접관들에게도 보일 정도였다. 하지만 나는 다리의 떨림 같은 것은 모른다는 얼굴로 웃었다. 마치 미스코리아 대회에 나온 것처럼 밝게 그리고 당당하게 웃으면서 질문에 답했다. 나중에는 입가에 경련이 올 지경이었다. 그러나 나는 최선을 다해서 웃는 모습이 일그러지지 않도록 노력했고 무사히 면접을 마칠 수 있었다.

결과는 합격이었다. 사실 스스로 최면을 걸고 면접에 임했지만 나는 반쯤은 포기하고 있었다. 다른 지원자들은 말들도 너무 잘했고 때로는 공격적인 질문도 잘 받아넘겼기 때문이다. 그에 비하면 나는 개별 질문도 받지 않았고 전체 질문에 대한 답변만 했을 뿐이다. 물론 공부를 해 가지 않았기 때문에 개별 질문을 받지 않았던 것은 오히려 내게 잘된 일이기는 했다. 그렇게 정말 웃기만 하고 합격을 한 것이다.

사람은 누구나 자신만의 특성이 있다. 그 특성이 면접에 유리한 것이면 강조해서 자신의 강점으로 만들면 된다. 나의 경우 잘 웃는 나의 성격과 밝고 긍정적인 이미지가 간호사와 잘 맞아떨어졌기 때문에 합격으로 이어질 수 있었다. 만약 내가 간호사가 아닌, 엄숙함을 요구하는 직업군에 지원했더라면 나의 강점은 오히려 역효과를 불러일으켰을 것이다. 이렇듯 자신의 특성이 직업군에 어울리는 것인지 판단하는 것은 아주 중요하다. 만약 자신의 특성이 면접에 불리하다면 그 특성을 누르거나 그것을 장점으로 바꾸는 노력이 필요할 것이다.

나의 대학 동기 중 한 명은 좋게 말하면 개성이 강했고 나쁘게 말하면 기가 셌다. 외모에서 풍기는 이미지도 세 보였고 실제 그녀의 성격 또한 그러했다. 그녀는 화끈하고 털털한 성격을 가지고 있었고 누구보다 흥이 많은 사람이었다. 실제로 그녀를 경험한 사람 중에 그녀를 싫어하는 사람은 거의 없을 정도로 매력이 많은 사람이었다.

그러나 문제는 그녀의 성격과 외모가 병원과는 맞지 않았다는 것이다. 병원은 매우 보수적인 집단이다. 그래서 간호사를 뽑을 때 개성을 보기보다는 단아함과 이미지를 먼저 본다. 너무 센 이미지는 병원에서 선호하지 않는다. 그 지원자의 능력이 뛰어나게 특출 난 것이 아니라면 면접에서 통과할 확률이 낮다.

그 동기가 그런 경우였다. 공부도 곧잘 해서 성적도 상위권이었고, 이것저것 자격증도 많아 스펙도 탄탄했다. 하지만 그녀는 면접만 보면 떨어졌다. 쉽게 취업할 수 있을 것이라는 동기들의 기대가 무색하게 그녀는 가장 마지막까지 면접을 보고 마음을 졸여야 했다.

주변 사람들도 그녀가 왜 자꾸 면접에서 떨어지는지 알고 있었다. 그녀의 이미지가 면접관들이 보기에는 너무 강했던 것이다. 그러나 그녀는 자신을 너무 사랑했다. 그녀는 자신의 이미지를 바꾸고 싶은 마음이 조금도 없었다. 그 모습도 자신의 일부인데 왜 바뀌야 하냐는 것이었다.

여러 번의 고배를 마신 동기는 결국 자신의 고집을 꺾었다. 거기에는 교수님들의 설득도 한몫했다. 마지막 면접에서 자신의 이미지를 조금이라도 순화시킬 수 있는 복장과 화장을 하고 그녀는 취업에 성공할 수 있었다.

그녀는 누구보다 강한 개성을 가지고 있었지만 그것이 취업으로 이어지지는 못했다. 나만의 강점을 어필하는 것은 중요하다. 그러나 그 강점이 취업과 부합하는 것일 때 더 큰 효과를 낼 수 있다. 휴대전화 구매를 예로 들어 보자. 요새는 휴대전화가 다 비슷비슷한 기능을 가지고 있다. 그중 사진이 유난히 더 잘 나오는 기종이 있다면 SNS를 자주 이용하는 사람이 구매할 확률이 높다. 이렇듯 자신의 강점이 병원에서 원하는 인재상에 맞는지 확인하는 것은 매우 중요하다.

세상에 똑같은 지문이 없듯이 사람도 모두 다 다른 특성을 가지고 있다. 남들과 비슷해 보여도 나만 가지고 있는 것들이 있다.

단지 그것을 본인이 알고 있느냐 모르느냐의 차이만 있을 뿐이다. 만약 자신만의 특성을 찾았다면 그것을 강점으로 내세워야 한다.

취업은 쉽게 말하면 나를 파는 일이다. 나만이 가지고 있는 특성이 있는데 그것이 강점이기도 하다면, 그리고 그 특성이 이 직업에 필요한 항목이라면 인사담당자들은 나를 구매하지 않겠는가?

혹시 모자란 스펙에 좌절하고 있다면 포기하지 마라. 아직 가능성은 열려 있다. 지금부터라도 자신만의 특성을 찾아서 그것을 보기 좋게 가꾸기 바란다. 그렇게 해서 스스로를 매력적인 상품으로 어필하라. 자신의 강점을 파악하는 것에 대한 조언을 얻고 싶다면 언제든 010.8898.6176으로 연락해도 좋다. 나의 경험을 바탕으로 도움이 되는 이야기를 들려줄 것이다.

스펙보단
인성이다

네 안에 있는 보석, 친절을 잘 보호하라.
망설임 없이 주고, 후회 없이 잃고, 인색함 없이 얻어라.

— 조지 샌드 —

지방 4년제 대학 출신에 평균 학점 3.7점, 석차는 뒤에서 세는 것이 더 빠르고 토익점수 없음, 자격증 없음. 아마 이 스펙으로 어디에 취업하려고 한다면 사람들이 정신 나갔냐고 물을 수도 있겠다. 10년 전에도 저 스펙은 부족하다는 말로도 모자랐다. 저 스펙은 나의 것이다. 나는 스펙이 부족한 것이 아니라 아예 없었다, 그래서 다른 것으로 승부를 봐야 했었다.

앞에서 내가 면접 내내 웃었다고 이야기했는데 그게 바로 내 승부처였다. '제가 비록 스펙은 부족하지만 참 괜찮은 인재입니다' 이것을 어필했다. 그러나 짧은 면접시간에 이것을 어필하는 것은 쉽지 않은 일이다. 그래서 자기소개서가 중요한 것이다.

분명하게 말하지만 취업은 스펙과 자기소개서와 면접의 삼박

자가 잘 맞아떨어져야 성공하는 전략이다. 스펙이 부족하다면 자기소개서와 면접에 더 힘을 실어 줘야 한다. 왜냐하면 스펙이 좋은 사람들도 그것들에 힘을 싣기 때문이다. 그러니 그들과 다른 차별화로 나를 어필해야 한다.

간호직은 인성이 중요한 직업 중 하나다. 모든 간호사 지망생들이 면접장에서 자신의 인성이 훌륭함을 어필하고 있다. 특히 봉사정신을 강조해서 말이다. 간호사는 봉사직이라고만 하기에는 부족함이 많다. 그런데 많은 예비간호사들은 자신의 헌신적인 모습을 어필하곤 한다. 물론 이것도 나쁘지 않다. 그러나 특별하지는 않다.

인성을 강조할 때는 봉사, 희생, 헌신에 초점을 맞추지 않는 것이 좋다. 그럼 대체 어떻게 인성을 어필할 것이냐 내게 되물을 수도 있겠다. 차라리 강인함, 의지, 포용력을 강조하라. 간호사는 봉사하는 직업이 아니다. 물론 봉사도 간호의 영역 중 하나지만 그게 전부는 아니다.

어느 순간에도 절대 잊어서는 안 되는 사항은 간호사는 환자의 병을 돌보는 전문직이라는 것이다. 가장 우선시되어야 하는 것도 환자의 안전과 안녕이다. 그러기 위해서는 때로는 환자의 억지를 이겨 내야 할 때도 있을 것이고, 환자의 저항을 막아야 할 때도 있을 것이다. 때로는 환자를 위해서 의사와 대립하게 되는 경우도 있을 것이다.

이 모든 상황들에서 봉사, 희생, 헌신이 얼마나 도움이 된다고 생각하는가? 이미 많은 고스펙 면접자들이 봉사, 희생, 헌신을 강조했는데 스펙이 좋지 않은 사람이 같은 것을 강조한다면 그 면접은 보나마나한 것이다. 같은 값이면 다홍치마라고 스펙이 좋은 사람을 우선적으로 뽑으려 할 것이다. 입장을 바꿔서 내가 면접관이라도 그렇지 않겠는가?

자신의 인성을 강조할 때는 병원이라는 큰 틀에서 벗어나지 않는 범위 내에서 최대한 독특해야 한다. 면접관들의 호기심을 유발할 정도는 되어야 하고 최소한 남들과는 다른 대답을 할 수 있어야 한다. 내가 입사를 위해 면접을 볼 때, 다른 면접 조의 전체 질문은 이것이었다.

"자신을 시녀과라고 생각하는가? 공주과라고 생각하는가?"

혹시 대답이 예상되는가? 그 조의 전원이 자신은 시녀과라고 대답했다. 간호사니까, 면접이니까 혹시 공주라고 대답하면 면접에 불리할까 봐 그렇게 대답한 것이다. 그들 중 진짜 시녀과에 속하는 사람이 몇이나 되었을까 싶다. 중간에 간호부장님이 "정답이 정해진 것도 아닌데 어찌 그리 똑같은 대답만 내놓느냐."라고 말씀하실 정도로 그들의 대답은 일률적이었다.

만약 내게 같은 질문이 주어졌다면 나는 주저 없이 공주과라고 대답했을 것이다. 공주는 남들 밑에 있는 사람이 아니기 때문에 주체적이다. 때문에 위기가 닥쳤을 때 공주는 능동적으로 움직이며, 자신의 행동에 책임을 진다. 그래서 나는 수동적인 시녀보다 능동적이고 책임감 있는 공주라고 대답했을 것이다.

많은 사람들이 간과하고 있는 사실이 있다. 우리가 간호사의 롤모델로 꼽는 플로렌스 나이팅게일은 영국 귀족의 자제다. 그녀가 몰고 온 혁신의 바람에는 병동의 청결이 있었다. 나이팅게일은 병실의 청결을 강조하며 2차 감염을 막았다. 그 결과 부상자들의 사망률이 눈에 띄게 줄어들었다.

나이팅게일은 귀족 가문에서 나고 자랐기 때문에 청결의 중요성을 인식하고 있었다. 아마 살면서 한 번도 더러운 곳에서 생활한 적이 없었을 것이다. 그렇기 때문에 야전병원의 문제점을 제일 먼저 알아챌 수 있었다. 그녀가 귀족이 아니었다면 그 문제를 알아채지 못했을 것이다.

또한 그녀가 귀족이었기에 그녀의 주장들이 설득력이 있었던 것도 사실이다. 철저한 신분사회에서 귀족 아가씨의 말은 쉽게 묵살할 수 없는 것이었다. 처음에 나이팅게일이 청소와 청결을 강조할 때 사람들은 들으려 하지 않았다. 그래서 나이팅게일은 시녀들에게 청소와 빨래를 시키면서 자신의 신념을 관철해 나갔다. 그 결과를 보고 나서야 사람들은 움직이기 시작했다. 근대 간호의 창시자라 불리는 나이팅게일은 사실 이렇게 진취적이고 혁명적인 인물이다.

내가 면접에서 강조했던 인성은 바로 이 부분이었다. 나는 비록 스펙은 모자라지만 많은 것들을 경험했고, 그 경험을 통해 깨달은 것들이 내 안에 그대로 녹아 있다는 것을 어필했다. 그러한 것들에서 나는 시련에 굴복하지 않는 강인함과 이겨 내려는 의지, 그리고 인생의 파도를 넘을 때 필요한 유연함을 배웠다고 자기소개서에 썼다. 그리고 면접장에서 웃었다. 단단하면서도 부드러워 보일 것을 나에게 끊임없이 주문하면서 환하게 웃었다.

현대사회는 성과중심의 사회이고 사람들은 눈에 보이는 증거들을 좋아한다. 기업도 마찬가지다. 그것이 바로 우리가 스펙을 쌓는 이유 중 하나다. 우리는 스펙들로 자신이 얼마나 유능한 인재인지 그리고 이 병원에 얼마나 필요한 사람인지 설명해야 한다. 그러나 스펙보다 더 중요한 것이 바로 인성이다.

한 기업체에서 사람을 채용하려고 했다. 2명 중 한 명을 뽑아야 하는데 A는 스펙이 조금 떨어지지만 그 업무를 하고 싶어 했고 그 일이 좋다고 했다. 그는 회사에 입사하기 위해 공부를 많이 했고 정보도 많이 수집했다. 이에 반해 B는 일의 내용이 어떤 것인지는 알고 있으나 정확히는 모른다고 했다. 그러나 시켜 주시면 열심히 하겠다고 했다.

최종 합격자는 B였다. 그 이유는 B의 스펙이 A보다 나았기 때문이다. 이 이야기를 들으면 여태껏 인성으로 보완하라고 했으면서 결국 스펙이냐고 내게 따질 수도 있을 것이다. 그러나 그렇게 입사한 B는 업무를 견디지 못했고 결국 6개월 만에 퇴사하고 만다. 회사는 잘못된 선택으로 비용과 시간을 모두 낭비하게 된 셈이다.

이러한 경우가 종종 있다 보니 이제는 기업들도 스펙보다 인성을 더 중요시하는 추세다. 그리고 이러한 흐름은 병원에도 그대로 이어지고 있다. 간호사의 이직률은 나날이 높아지고 있다. 그렇기 때문에 많은 병원들이 스펙이 조금 모자라더라도 성실히 오래 근무해 줄 인재를 찾는다. 우리가 집중해야 할 점은 바로 이것이다.

제아무리 난공불락의 요새도 찾아보면 작은 틈이 있다. 그 틈을 찾아 공략하라. 자신이 가지지 못한 것에 불안해하거나 포기하지 말고 할 수 있는 것은 다해야 한다. 그리고 마침내 승리를 쟁취하기 바란다.

05

진짜 면접은
대기실에서부터 시작된다

도움이 아닌 경쟁은 아름다울 수 없고,
겸손이 아닌 자만이 고상할 리 없다.
- 존 러스킨 -

드라마를 보면 주인공이 면접을 보러 갈 때 꼭 일이 생긴다. 주인공의 도움이 필요한 누군가 그의 앞에 나타나고 주인공은 그 사람을 돕느라 면접에 늦게 된다. 때론 면접을 놓치기도 한다. 그렇게 좌절해 있는 주인공 앞에 그 도움을 받은 사람이 나타난다. 알고 보니 그는 회사의 오너 혹은 상사다. 그 사람은 도움을 준 주인공에게 보답하겠다며 회사에 그를 취직시킨다. 그렇게 주인공은 극적으로 취직에 성공한다.

물론 위의 이야기는 드라마에서나 있는 일이다. 현실에서는 일어날 가능성이 거의 없다. 그런데 이 이야기를 하는 이유는 우리가 간과하고 있는 사실이 있기 때문이다. 간호사 면접 풍경을 한번 생각해 보자.

한 무리의 여자들이 우르르 문을 열고 나온다. 밖에 있던 사람들이 다가가서 이것저것 묻는다. 어떤 질문을 했는지, 면접장의 분위기는 어떠한지 기다리고 있던 사람들은 자신들의 궁금증을 해소하기 바쁘다. 질문을 받은 사람들의 대응은 저마다 다르다. 친절하게 답변해 사람이 있는가 하면, 그저 웃고 넘어가려는 사람이 있다. 알려 주고 싶지 않은 것이다. 그리고 이 모든 광경을 지켜보는 사람이 있다. 바로 인사팀 담당자다.

많은 사람들이 하는 실수 중 하나가 면접은 면접장에 들어서면 시작되는 것이라고 생각하는 것이다. 그러나 진짜 면접은 대기실에서부터 시작된다. 앞에서 현실 가능성이 전혀 없는 드라마 내용을 이야기했던 것도 바로 이 때문이다. 면접은 면접장에서만 이루어지는 것이 아니기 때문에 병원에 들어서면 특히 조심해야 한다.

인사팀 담당자는 지원자들의 면접 일정을 체크하고 돕는 역할을 한다. 그는 지원자들이 원활하게 면접을 볼 수 있게 다방면으로 배려해 준다. 그러나 보통 대기실에 있을 뿐 면접장에 들어서지 않기에 사람들은 그의 존재를 대수롭지 않게 생각하는 경우가 많다. 때론 인사팀 직원에게 짜증을 내는 지원자도 있다. 그러나 그에게도 발언권이 있다는 사실을 아는 사람은 많지 않다.

사람은 누구나 자신이 잘 보여야 하는 사람 앞에서는 본모습을 숨기고 연기를 할 수 있다. 그러나 긴장이 풀어졌을 때, 그 사람의 본성이 나오게 된다. 바로 면접 대기실에서의 모습이다. 특히 면접을 보고 난 후 대기실에서는 무방비 상태다. 그래서 평소 자신의 모습이 쉽게 드러나게 된다.

앞에서 잠깐 언급했듯이 면접을 보고 난 후 다른 지원자들의 질문에 대응하는 방법에서 우리는 그 사람의 평소 태도를 짐작할 수 있다. 다른 사람들의 궁금증에 최선을 다해 답변해 주는 사람과 웃음으로 얼버무리며 답변을 피하는 사람. 당신이라면 어떤 지원자에게 더 후한 점수를 주고 싶겠는가?

여고를 다녔던 사람들은 반에 한 명쯤은 있었을 얄미운 여학생을 알고 있을 것이다. 공부도 잘하고 선생님들께 사랑받지만 친구들에게는 기피 대상인 친구 말이다. 시험 전에는 공부를 하나도 못하고 잠만 잤다고 하지만 막상 시험을 보면 좋은 점수를 받는다. 누군가 필기한 노트를 빌려 달라고 하면 정리가 너무 엉망이라 보기 힘들 것이라며 보여 주지 않는다.

비단 여고뿐만 아니라 대학에도 이러한 친구들이 존재한다. 물론 간호학과에도 있다. 내 동기 중 한 명은 노트 정리한 것을 복사하게 빌려 달라는 다른 동기의 요청에 연두색 볼펜으로 써서 복사가 되지 않을 테니 다른 사람 것을 빌리라고 말한 적도 있다. 자신이 열심히 쓴 노트를 나누고 싶지 않은 마음과 그 노트로 인해 상대방이 더 좋은 성적을 받을까 봐 꺼리는 것이다.

무한 경쟁사회인 요즘은 작은 차이에도 순위가 나뉘기 때문에 이러한 현상은 점점 더 심해지고 있다. 그리고 이러한 심리는 면접 자리에서도 드러난다. 이미 면접을 끝내고 나오는 사람들에게 어떤 질문을 했냐고 묻는 물음 속에는 예상문제를 받아 보고 준비하고 싶은 마음이 있을 것이다.

면접을 마친 지원자들 중 그들의 질문에 성실히 답변하는 사람들에게는 정보를 공유한다는 공동체 의식이 깔려 있다. 비록 서로 경쟁해야 하는 사이라지만 그들은 이미 지원자라는 틀로 묶인 하나의 집단이다. 면접에 임하는 긴장을 알기에 먼저 경험한 사람으로서 자신의 정보를 공유해 다른 지원자들의 긴장을 풀어 주고 싶어 하는 것이다.

그에 반해 자신의 정보를 공유하고 싶어 하지 않는 지원자들은 그 밑바탕에 다른 지원자가 경쟁자라는 의식이 깔려 있다. 자신이 면접을 잘 보았든 아니든 자신이 알려 주는 정보로 다른 지원자가 더 좋은 평가를 받는 것을 경계하는 것이다. 그래야 자신이 합격할 확률이 높아진다고 생각하기 때문이다.

이들의 모습을 지켜보면서 인사 담당자는 면접자들의 태도와 그에 따른 인성을 평가한다. 이미 나의 면접은 끝났다. 그러니 뒤의 사람이 잘하고 못하고를 떠나서 나에 대한 평가는 이미 끝난 것이다. 면접은 상대평가가 아니라 절대평가다. 그러니 내가 가진 정보를 공유한다고 해서 그것이 나에게 불리하게 작용하지 않는다. 눈앞의 작은 것에 연연하느라 큰 것을 놓치는 실수를 범해서는 안 된다.

나는 학과에서 가장 친한 친구와 함께 지금의 병원에 지원했다. 면접도 함께 봤는데 친구가 오전 조면 내가 끝날 때까지 기다려서 같이 집에 가곤 했다. 그때 그녀는 다른 지원자들에게서 질문을 받았는데, 거리낌 없이 아는 것을 다 알려 주었다.

그때 어떤 지원자가 "이렇게 다 알려 줘도 돼요? 면접 잘 보셨나 봐요?"라고 물었다. 내 친구는 "어차피 나는 면접이 끝났는데 알려 주지 못할 이유가 있나요?"라고 그녀에게 되물었다. 내 친구는 그녀의 질문이 더 이해가 되지 않았던 것이다. 이런 내 친구의 태도가 늘 환영받았던 것은 아니다. 뒤에서 속 편한 애들이라고 수군거리는 지원자들도 있었다. 물론 병원에서 그녀들을 보게 되는 일은 일어나지 않았다.

대부분이 여자로 이루어진 간호사 세계에서는 보이지 않는 신경전들이 벌어진다. 그리고 간호학과 학생들은 이러한 신경전들을 이미 학과 생활을 하면서 겪는다. 성차별을 하려는 것도 아니고 직업적으로 비하하려는 것도 아니다. 경쟁구도를 만드는 사회 제도의 문제를 지적하려는 것이다. 무한 경쟁에 익숙해진 사람들은 모든 것을 다 경쟁으로 받아들인다.

그러나 간호사는 개인보다 단체가 더 중요한 집단이다. 협동심과 다른 사람과의 조화는 간호사의 필수 덕목이다. 그러니 대기실에서 자신만 생각하는 태도는 가산점을 받을 수 없다. 이것은 비단 간호사뿐만 아니라 다른 직업군에도 해당되는 이야기다.

면접에 최선을 다해서 임해라. 자신의 모든 것을 아낌없이 쏟아붓고 나와라. 이미 주사위는 던져졌고 내가 쏜 화살은 날아갔다. 그러니 홀가분하게 모든 것을 털어 버려도 괜찮다. 기억하길 바란다. 진짜 면접은 대기실에서부터 시작된다는 것을 말이다. 그곳에서 결과가 뒤집히는 경우도 있다.

06

솔직함이 때로는
독이 된다

삶은 나쁜 것, 좋은 것,
최선의 것 사이에서의 선택의 연속이다.
- 밴스 하브너 -

"정직이 최상의 방책이다."라는 속담이 있다. 모든 일에 있어서
정직함이 최선이라는 뜻이다. 그러나 이 속담이 언제나 모든 상황
에 다 들어맞는 것은 아니다. 때로는 정직함이 독이 되는 경우도
있다. 예를 들면 면접의 경우에서다.

"○○ 씨는 중간에 편입을 했네요. 왜 편입을 생각했죠?"

"저는 더 전문적이고 체계적인 공부를 할 수 있기를 바랐습니다."

"그전 학교는 전문적이고 체계적이지 않았나 보네."

내가 면접 볼 때 같은 조에 있었던 동기 언니가 받은 질문이었
다. 똑같은 간호학과로 대학 간판만 바꿔 편입한 그녀는 면접에서
바로 그 점을 질문받았다. 동기 언니의 대답이 최고는 아니었지만
당시 그녀로서는 저 대답이 최선이었을 것이다. 취업에 유리한 대

학 간판이 필요했다고 솔직하게 말할 수는 없는 것 아닌가?

우리가 사기꾼이 아니고서는 질문을 받고 바로 솔직하지 않은 대답을 하는 것은 힘들다. 그래서 예상 질문지를 만들고 연습해야 한다. 거짓말을 하라는 이야기는 아니다. 단지 솔직하게 말해서 나에게 불리한 상황은 만들지 말아야 한다는 것이다. 특히 위와 같이 편입이나 휴학을 한 경우에는 면접에서 반드시 이에 대한 질문이 나온다고 예상해야 한다.

"저의 단점은 잠이 많다는 것입니다."

"간호사가 잠이 많으면 업무에 지장이 있을 텐데 단점을 어떻게 극복할 건가요?"

"저는 잠은 많지만 꼭 밤에 자야 하는 것은 아닙니다. 또한 저는 일어나야 하는 시간에 일어나지 못한 적이 없습니다. 모자란 잠은 퇴근 후에 보충하면 됩니다. 또한 언제가 되었든 잠이 드는 데 어려움을 느끼지 못하므로 오히려 3교대 근무에 더 유리할 것이라고 생각합니다."

면접에서 자주 받는 질문 중 하나가 바로 자신의 장단점을 말하라는 것이다. 장점이야 자신에게 유리한 것이니 문제가 되지 않지만 단점의 경우 어떤 대답을 하느냐에 따라 결과가 달라질 수도 있다.

단점을 말하라고 해서 솔직하게 자신의 단점을 있는 그대로 말해서는 안 된다. 단점을 이야기할 때도 전략이 필요하다. 먼저 자신의 단점 중 이 직업에 크게 해를 끼치지 않는 것을 말해야 한다. 간호사의 경우 다혈질, 게으름 등의 단점은 말하지 않는 것이 좋다. 보편적으로 그 직업에서 요구하는 인재상에 어긋나는 단점은 되도록 피하라. 그리고 단점을 극복하기 위한 노력을 함께 말하는 것이 좋다.

앞서 예로 들은 잠이 많다는 단점은 어떻게 보면 간호사에게 치명적일 수 있다. 잠이 많은 신규 간호사들이 잠에 취해 지각을 하거나 나오지 못하는 경우가 허다하기 때문이다. 특히나 혼자 자취하는 경우에는 깨워 줄 사람도 없기 때문에 잠이 많다는 단점은 차후 근무에 지장을 줄 수 있다는 사실을 내포하게 된다.

그런 단점을 어떻게 포장했냐면 오히려 교대근무에 적합한 것으로 둔갑시켰다. 한 번도 일어나고자 하는 시간에 일어나지 못한 적이 없다는 사실로 지각의 가능성을 차단했다. 그리고 시간에 상관없이 잠을 잘 자기 때문에 밤낮이 뒤바뀌는 교대근무를 하면서도 신체 리듬을 유지할 수 있다고 답변한 것이다. 여기에 가족들과 함께 살고 있다는 사실을 더한다면 잠이 많다는 단점을 오히려 장점으로 둔갑시킬 수 있다.

"송세실 간호사가 가고 싶은 부서는 어디인가?"

"예전에는 응급실에 가고 싶었습니다만 지금은 어디에든 적응해야 한다고 생각합니다. 그런데 수술실에는 안 보내 주셨으면 좋겠습니다."

"수술실? 왜?"

"제가 아토피 피부염이 있기 때문에 소독약을 자주 접하면 피부에 더 악영향을 줄 것 같습니다."

"병원에서 소독약을 접하지 않는 부서가 어디 있나?"

위 대화 내용은 면접 때 나왔던 이야기는 아니고 입사 후 간호부장님과 한 면담 내용이다.

아토피 피부염을 심하게 앓았던 나는 지금도 날이 습하거나 건조하면 가려움을 호소한다. 실습 때 내 피부를 보던 한 간호사 선생님이 "학생은 수술실은 못 가겠다."라고 말한 적이 있었다. 수술 시에는 소독약으로 손 소독을 하는데, 하루에도 몇 번씩 소독하다 보면 피부가 남아나지 않을 것이라는 말이었다. 그래서 간호부장님과의 면담에서 저렇게 당당하게 말한 것이다.

이미 입사를 한 뒤라 면박을 받는 것으로 끝났지만 실제 면접에서 저렇게 말했다면 지금과 다른 결과를 가져왔을 것이다. 저 대화에서 나는 면접에서 하지 말아야 할 오류들을 많이 범했다.

먼저 아토피 피부염을 강조한 점이다. 단점을 이야기할 때는 그것을 포장해서 말해야 한다. 그런데 나는 포장 없이 내 단점을 그대로 내보였다. 경증의 아토피인 경우 상관없지만 중등도 이상의 아토피는 취업에 불리하다. 특히 사람들과 만나고 접촉하는 간호사의 경우 아토피는 노출시키지 않는 편이 좋다. 환자들은 피부염 상처만 보고 편견을 가지기 때문이다.

실제로 나에게 피부에 문제가 있는 사람이 간호사로 있으면 어떻게 하냐고 따진 환자도 있었다. 그 피부염이 자신에게도 옮으면 어떻게 하냐며, 누구보다 청결해야 하는 간호사가 자기관리를 잘하지 못했다고 질책했다. 환자들의 인식이 이러하기 때문에 자신에게 눈에 드러나는 피부질환이 있으면 치료를 받거나 드러내지 말아야 한다.

또 한 가지 오류는 부정적인 단어들을 사용했다는 점이다. 그것도 묻지도 않은 질문에 대한 답변으로 말이다. 누누이 강조하지만 면접에서 답변할 때 부정적인 단어는 사용하지 말아야 한다. 한국말은 아 다르고 어 다르기 때문에 단어 하나로도 전체적인 의미가 달라지는 경우가 많다. 그래서 단어 선택에도 신중해야 한다.

때로는 면접관이 모르는 것이 약이 될 수도 있다. 그런 것들은 굳이 알려 주지 않는 것이 좋다. 혹시라도 알려 줘야 할 경우에는 살 포장해서 말해야 한다. 면접은 짧은 시간 안에 최대한 나를 매력적으로 보이게 하는 게임과도 같다. 그 시간은 내게도 다른 사람에게도 똑같이 적용된다.

한정된 시간 안에 다른 사람은 자신의 강점을 극대화시켜서 좀 더 매력적인 사람으로 자신을 홍보한다. 그런데 나 자신을 홍보하기에도 모자란 시간에 오히려 매력을 반감시키는 언행을 보이는 것은 기회를 발로 차는 꼴이다.

면접까지도 가지 못한 지원자도 많다. 당신이 지금 면접을 준비하고 있다면 이미 당신에게는 기회가 주어진 것이다. 자신을 스스로 홍보할 수 있는 기회 말이다. 누군가는 그 기회를 얻지 못해 좌절하고 슬퍼하고 있다. 그러니 자신에게 주어진 기회에 감사하고 최대한 잘 활용하라.

병원에
나를 맞춰라

먼저 어떤 사람이 되고 싶은지 자문하라.
그 뒤에 해야 할 일을 하라.

— 에픽테토스 —

우리는 마음에 드는 이성이 생기면 상대의 마음에 들기 위해 노력을 기울인다. 그 사람의 이상형을 알아보고 그 이상형에 비슷하게라도 자신의 모습을 변화시키려고 노력한다. 나는 애교가 없는 사람이지만 만약 내가 좋아하는 사람이 애교 많은 여자를 좋아한다면 없는 애교라도 쥐어짜지 않겠는가?

취업도 마찬가지다. 병원마다 원하는 인재상이 있다. 자신이 원하는 병원에 들어가고 싶다면 그에 맞는 전략을 세워야 한다. 취업은 수능과도 같다. 일찍 준비할수록 더 유리하다. 앞에서 병원들이 더 이상 스펙만 보지는 않는다고 말했다. 그러면 자신이 원하는 병원에 입사하기 위한 방법들에는 어떤 것들이 있는지 정보를 수집해야 한다. 그리고 그 과정은 이를수록 좋다. 왜냐하면 그 병원에 맞게 준비할 수 있는 시간적 여유를 벌 수 있기 때문이다.

나처럼 병원에 입사할 생각이 없었던 사람이 아니라면 되도록 학과 1학년 때부터 가고 싶은 병원을 정해서 그에 맞는 전략을 짜길 바란다. 그렇게 하면 나중에 훨씬 유리한 위치에서 수월하게 취업할 수 있을 것이다.

이렇게 미리 준비하라는 이유는 요즘은 많은 대형병원에서 인턴십제도를 운영하고 있기 때문이다. 인턴십에 참여해서 좋은 성적을 받은 학생들에게는 가산점이 주어진다. 보통 인턴십은 3학년을 대상으로 주어지는 경우가 많기 때문에 그전에 학점 등의 자격을 갖추어야 한다.

나처럼 갑자기 취업을 결정하게 되는 경우는 좀 더 공격적으로 전략을 짜야 한다. 일단 학점 관리는 필수다. 나는 간호사 면허만 있으면 병원 취직은 어렵지 않을 것이라고 생각했다. 그러나 어딜 가나 학점이 내 발목을 잡았다. 혹시 학점이 모자란다면 지금이라도 학점 관리에 신경 쓰기 바란다. 그 외에도 토익점수처럼 병원에 따라 필수적인 항목들이 있다. 이러한 것들도 미리 준비해야 한다. 4학년 때 부랴부랴 토익점수를 올리려고 해도 고득점을 올리기는 쉽지 않다. 그러니 미리 토익점수를 확보해 놓는 것이 좋다.

또한 외모도 관리해야 한다. 간호사 커뮤니티에 한 간호학과 학생이 질문을 올렸다. 현재 간호학과 3학년이라는 학생은 병원에 취업하기 위해서는 어떤 것을 준비해야 하냐고 물었다. 그 학생은 학점 관리를 어떻게 하고 자격증은 어떤 것을 따야 하는지에 대한 답을 기대했을 것이다. 그러나 그 질문에 달린 답변은 관리를 하든 어떻게 하든 외모를 가꾸라는 것이었다. 그리고 그 밑에 달린 답변들도 비슷한 내용들이 주를 이뤘다. 그 답변들을 보자 슬펐지만 너무도 현실적이라 반박할 수가 없었다.

"네가 가고 싶은 병원에 가서 로비를 지나다니는 간호사를 봐라. 그들의 모습과 너의 모습이 비슷하다면 너는 그 병원에 들어갈 수 있다. 아니라면 그 병원에 들어갈 생각은 접는 것이 좋다."

이것은 학과에서 선배들이 늘 하던 말이다. 간호사도 결국 이미지라는 것이다. 쉽게 설명하자면 우리나라의 양대 항공사 아시아나와 대한항공을 생각하면 된다. 우리는 두 항공사의 승무원 채용 기준은 알지 못한다. 그러나 두 항공사의 이미지를 비교하라면 누구나 말할 수 있다. 한 승무원의 사진을 보여 주고 이 승무원이 어느 항공사의 승무원인지 맞혀 보라고 질문했다고 하자. 그러면 그 질문에 답할 수 있을 정도로 우리는 두 항공사의 이미지를 구분하고 있다. 그것이 간호사에게도 똑같이 적용된다.

그렇기 때문에 이미지 관리가 필요하다. 자신이 가고 싶은 병원의 간호사들의 이미지가 자신과 다르다면 헤어스타일을 바꾸거나 화장법을 바꿔서라도 맞춰야 한다. 아니면 그 병원에 취업하는 것을 포기해야 해야 한다. 우리에게 이상형이 있는 것처럼 병원에도 이상형이 있다.

보통 병원의 이미지는 최고경영자의 취향에 따르는 경우가 많다. 사람의 취향은 대체로 변하지 않는다. 그렇기 때문에 병원마다 고유의 이미지가 생기는 것이다.

군이 성형을 하지 않아도 이미지는 얼마든지 만들 수 있다. 국민 MC 유재석 씨를 예로 들어 보자. 우리가 '유느님'이라고 칭할 만큼 매사 모범적이고 반듯하고 유쾌한 그가 20대에는 아주 까칠한 사람이었다는 것이 상상이 되는가? 그는 자신을 변화시키려고 부단히 노력했고 지금의 모습을 만들었다. 그의 모습을 보면 배려가 몸에 배어 있는 것 같은 행동을 종종 보인다. 분명 처음의 그는 그렇게 배려심이 많은 사람이 아니었을 것이다. 그러나 끊임없는 노력을 통해 배려가 몸에 밴 듯 자신의 성격을 바꾸었다. 그리고 결국은 인생도 바꾸었다.

또한 배우 한지혜 씨는 슈퍼모델 선발대회에서 서구적이지 않은 자신의 외모를 커버하기 위해서 웃는 연습을 했다고 한다. 쌍꺼풀이 없는 눈이 매력적인 그녀는 인형같이 생긴 다른 지원자들을 보고 기가 죽었다. 서구적으로 생긴 다른 지원자들에 비해 자신의 외모가 너무 밋밋하다 여긴 그녀는 거울을 보면서 끊임없이 웃는 연습을 했다. 그러곤 자신에게 가장 잘 어울리는 미소를 찾았다. 그래서 누구보다도 사랑스럽게 웃을 수 있었다.

노력하면 안 되는 것은 없다. 심지어 임신했을 때 예쁜 아기 사진을 보면 예쁜 아기를 낳는다고 많은 임산부들이 그렇게 태교하지 않는가. 먼저 자신이 가고자 하는 곳의 이미지를 확인하고 그것에 자신을 맞추면 된다. 어려운 것 같지만 의외로 쉬울 수도 있다.

이렇게까지 해서 취업해야 하나 자괴감이 들 수도 있다. 그러나 병원뿐만 아니라 다른 어느 곳에 취업하려 하더라도 위의 내용들은 필수로 챙겨야 하는 것들이다. 요새는 일반 기업 면접에 남자들도 비비크림을 바르고 임한다. 그러니 우리가 간호사라서, 여자들의 집단이라서 유난스럽다는 생각은 하지 않는 것이 좋다.

병원마다 원하는 인재상은 조금씩 다르다. 물론 어느 병원에서도 환영할 만한 인재들도 있다. 하지만 자신이 그런 인재가 아니라고 낙심할 필요는 없다. 자신이 원하는 병원에만 입사하면 되기 때문이다. 굳이 모든 병원에 합격할 필요는 없지 않은가.

"지피지기면 백전불패"라 했다. 적을 알고 나를 알면 치소한 지지는 않는다. 목표가 뚜렷하면 그에 맞는 전략도 뚜렷해진다. 아직 목표로 한 병원이 없다면 지금부터라도 목표를 정하라. 늦었다고 생각된다면 더 공격적으로 준비하면 된다. 혹시 좌절하고 있는 사람이 있다면 아직 좌절하기에는 이르다고 말해 주고 싶다.

지원할 병원을 선택할 때는 여러 가지를 고려해야 한다. 많은 학생들이 무조건 큰 병원, 대형병원에 입사하고 싶어 한다. 그러나 자신이 간호사로서 어떤 쪽으로 공부하고 싶고 어떻게 성장하고 싶은지 파악한 뒤 그에 맞는 병원을 선택하는 것이 좋다. 그래야 더 확실하게 준비할 수 있다. 다행히 간호학과는 실습을 통해 모든 부서를 경험해 볼 수 있다. 그 기간을 잘 활용해서 자신이 정말 좋아하는 것이 어떤 것인지 찾기 바란다.

입사 후 포부는
구체적이고 확실하게 답하라

스스로에게 물어보라.
난 지금 무엇을 변화시킬 준비가 되었는가를.
- 잭 캔필드 -

"병원에 입사하게 된다면 어떻게 할 것인가?"

병원 면접에서의 단골 질문이다. 내가 면접을 볼 때만 해도 "열심히 하겠다.", "최선을 다하겠다.", "성실하게 일하겠다." 등등 뜬구름 잡는 대답들이 많았다. 아마 지금 그렇게 대답하면 볼 것 도 없이 뒷릭일 것이다.

많은 기업들도 그러하지만 병원도 오래 일할 수 있는 사람을 뽑고 싶어 한다. 그래서 입사 후의 계획에 대한 대답을 통해 이 지원자가 오래 다닐 사람인지 아닌지를 평가하려는 것이다. 입사 후의 계획과 오래 다니는 것이 무슨 상관인가 싶을 것이다. 하지 만 입사 후에 어떻게 하겠다는 구체적인 계획이 있는 사람이 그 만큼 병원에 충실할 확률이 높다. 그러니 입사 후의 행보를 묻는 질문을 으레 하는 질문이라 생각하지 말고 신중하게 대답하는 것이 좋다. 가장 정석적인 대답은 자세하되 너무 허무맹랑하지 않은 대답이다.

지원자 A: "제가 이 병원에 입사하게 된다면 매주 논문을 하나씩 공부해서 기초지식을 넓히겠습니다. 그리고 체력관리를 위해서 주 3회 헬스장에서 운동을 하겠습니다."

지원자 B: "제가 이 병원에 입사하게 된다면 그날 배운 것을 정리해 제 것으로 만들겠습니다. 그리고 매일 스트레칭으로 몸의 긴장을 풀겠습니다."

당신이 면접관이라면 두 사람 중 어떤 사람을 뽑을 것인가? 대답의 내용만 보면 B보다는 A가 더 낫다. 그러나 A의 대답에는 치명적인 오류가 있다. 바로 '실현 가능성'이다.

A의 대답은 실현 가능성이 매우 낮은 대답이다. 얼핏 보면 가능할 것도 같지만 매일 긴장의 연속이고 배워야 할 것들이 산더미 같은 신규 간호사에게 논문과 헬스는 꿈같은 이야기다. 면접에서 A와 같이 대답한다면 그 일들을 정말 할 수 있겠느냐고 오히려 공격적인 질문을 받을 수도 있다.

B의 대답은 매우 소박하지만, 누구나 실천할 수 있을 것 같은 내용이다. 신규 간호사 때는 그날 배운 것은 무조건 그날 정리해

야 한다. 당연하지만 실현 가능성이 높은 대답이기도 하다.

사실 A와 B의 대답 모두 좋은 대답은 아니다. 답변할 때는 구체적으로 신규, 3년, 5년 차 때 어떤 과업을 이룰 것인지 말하는 것이 좋다. 여기서 중요한 것은 그 과업이 나와 병원 둘 다 발전할 수 있는 내용이어야 한다는 것이다. 예를 들어 미국 간호사 면허를 딴다고 한다면 그것은 나에게 좋은 것이지, 병원에 좋은 것은 아니다. 오히려 병원을 곧 그만둘 수 있다는 인상을 주게 되어 역효과가 날 수도 있다.

또한 두루뭉술한 대답도 하지 말아야 한다. 면접에서 지원자들은 "~하기 위해 노력하겠습니다."와 같은 대답을 자주 한다. 이러한 답변은 단호하게 대답하기에는 자신이 없을 때 자주 사용한다. 그러나 이는 지원자에 대한 인상마저 흐지부지 만들 수 있다.

대부분의 면접관들은 '노력하겠다'라는 말을 '하지 않겠다'라는 말과 동일하게 인식한다. 그렇기 때문에 지원자들이 '노력하겠다'라고 말하면 거르고 넘어간다고 한다. 답변을 할 때는 분명하고 확실한 어조로 이야기해야 한다. 특히 자신도 모르는 버릇들이 있을 수 있기 때문에 면접 전에 연습을 많이 하는 것이 중요하다.

'노력하겠다'라는 말이 버릇처럼 입에 붙은 사람들이 많다. 나 또한 그런 버릇이 있다. 누군가 내게 이것을 할 수 있냐고 물으면 노력하겠다고 대답하는 경우가 많다. 생각해 보면 내가 그것을 완벽히 해낼 자신이 없을 때 그 말을 많이 사용하는 것 같다. 나 또한 그렇게 사용하는데 다른 사람이라고 다르게 사용할 것 같지는 않다. 그리고 면접관들은 바로 그 점을 보는 것이다.

입사 후의 계획을 세울 때 주의해야 할 점은 앞으로 자신이 하게 될 업무의 강도가 어느 정도인지 확인하는 것이다. 지원자들은 3교대를 한 적이 없다. 물론 실습을 돌며 경험해 보기는 하지만 어떤 느낌인지 맛보는 것에 불과하다. 3교대로 돌아가는 업무는 상상을 초월할 정도로 체력적인 부담이 크다.

신규 간호사 시절에는 병원에 오지 않는 시간이면 잠을 잔다고 보면 된다. 오프 때도 마찬가지다. 그저 병원에 출근하고 퇴근하고 집에서 자다가 또 병원에 출근하는 것이다. 나도 신규 간호사 시절에 자느라고 오프를 그냥 날려 버린 적이 있었다. 익숙하지 않은 생활에 몸이 적응하려면 어느 정도 시간이 필요하다. 그러니 입사 후의 계획을 말할 때는 이 점을 분명히 인지하고 있어야 한다. 그래야 실현 가능한 대답들을 준비할 수 있다.

나는 면접 준비를 제대로 하지 않아 거하게 망친 경험이 있다. 그때는 그냥 그 병원에 들어가려는 마음만 있었다. 주변에서 거기에 들어가야 한다고 하니까 그래야 하나 보다고 생각했다. 게다가 합격할 확률도 높아서 당연히 붙을 줄 알았다.

2차 면접의 마지막 질문이 바로 병원에 입사 후의 계획에 대해서 말하라는 것이었다. 나는 아주 정석적으로 오답인 답변을 내놓았다. 나는 "제게 주어진 일을 완수하기 위해 최선을 다해 노력하겠습니다."라고 대답했다. 사실상 합격은 당연히 주어지는 것이라고 생각했기에 그 병원에 입사해서 뭘 어떻게 할지 생각해 본 적이 없었다. 그래서 질문을 받는 순간 그 답변을 생각해 낸 것이다. 그러니 답변이 엉성할 수밖에….

그 병원을 다니려면 집에서 대중교통으로 1시간 30분 정도 걸리는데 그것에 대한 구체적인 방안도 생각해 놓지 않았다. 그저 합격하면 어떻게든 되겠거니 생각했다. 지금 생각해 보면 참 무성의했던 것 같다. 3교대를 하면서 왕복 3시간이 걸리는 병원을 어떻게 다닐 것인지 계획도 없이 지원한 것이다. 심지어 그때는 운전면허도 없었는데 말이다. 면접에서 떨어진 것이 당연하다.

입사 후의 계획을 묻는 질문은 대부분의 면접에서 나오는 질문이기 때문에 미리 준비하는 것이 좋다. 구체적으로 실현 가능한 계획들을 미리 설정해서 답변을 생각하라. 준비를 한 대답인지 아닌지는 답변을 들어 보면 금세 알 수 있다. 이 지원자가 우리 병원에 오고 싶어서 앞으로 어떻게 할 것인지도 계획을 세우고 있다면 병원 측 입장에서는 고맙고 기특하지 않겠는가? 마음이 그 지원자에게로 더 쏠릴 수밖에 없다. 면접은 결국 면접관의 마음을 얻는 사람이 합격하는 게임이다.

PART 3

좌충우돌 새내기
간호사의 일기

정글에서
살아남는 법

산다는 것, 그것은 치열한 전투다.
- 로맹 롤랑 -

"새끼 영양이 물을 마시러 강가로 갑니다. 그 강에는 악어가 사냥 준비를 하고 먹잇감을 기다리고 있습니다. 새끼 영양이 물을 마시는 순간 악어가 영양을 덮칩니다. 새끼 영양은 거세게 저항합니다. 새끼 영양은 가까스로 악어에게서 벗어났지만 이미 심한 부상을 입었습니다. 그때 기회를 노리던 호랑이가 새끼 영양에게 달려듭니다. 결국 새끼 영양은 호랑이의 먹잇감이 되고 말았습니다."

이것은 얼마 전 보게 된 〈동물의 왕국〉의 내용이다. 우연히 보게 된 한 프로그램이 나의 시선을 잡고 결국 TV 앞에 앉게 만들었다. 나는 TV 속 냉혹한 야생이 우리의 사회생활과 많이 닮아 있다는 생각이 들었다.

"야, 병원이 어떤 곳인 줄 알아? 정글이야 정글. 사바나. 약육
강식의 세계."

"야야, 세실이 또 취했다. 알았다, 알았어. 그래 정글이다 정글."

"진짜야. 정신 바짝 차리지 않으면 잡아먹힌다고."

신규 시절, 나의 술자리 레퍼토리는 늘 같았다. 병원은 나에게
정글이었고, 아프리카 초원이었다. 그곳에서 나는 새끼 영양이었
다. 누가 물어뜯어도 이상하지 않을 먹이사슬의 가장 말단, 그것
이 바로 나였다.

간호사는 여자들이 압도적으로 많은 집단이다. 그리고 그 사
이에 보이지 않는 알력들이 존재한다. 호숫가의 백조가 수면 위로
는 평온해 보여도 수면 아래에서 끊임없이 발을 놀리는 것처럼,
간호사 세계도 보이지 않는 곳에서 서로 치열하게 기싸움을 한다.
그들 사이에서 가장 많이 치이는 사람이 바로 신규 간호사다. 이
때 신규 간호사는 처신을 잘해야 한다. 어설프게 그들의 무리에
들어갔다간 낭패를 볼 수 있다.

신규 간호사는 혼나는 것이 일이다. 이래도 혼나고 저래도 혼난
다. 같은 행동이 어떤 사람에게는 별문제가 되지 않는데 어떤 사람
에게는 문제 행동이 되는 것이다. 쉽게 말해 시어머니를 여럿 모신
다고 생각하면 된다. "어느 장단에 춤을 추리오."라는 말이 저절로
나올 만큼 종잡을 수가 없다. 일로 혼나는 건 상관없지만 그 외의

일로 혼나는 것은 때론 부당하다고 느껴질 때도 많았다. 그래도 참아야만 한다. 신규 간호사가 자신의 부당함을 피력하는 순간 공통의 적이 된다. 그러면 서로 나뉘어서 기싸움을 하던 집단들이 하나로 뭉쳐서 공격하기 시작한다. 그때부터 악몽이 시작된다.

특히 처음 봤을 때 고분고분해 보이지 않는 신규는 집중 타깃이 된다. 기선 제압에 들어가는 것이다. 다른 신규 간호사가 똑같은 잘못을 해도 그 사람은 넘어가지만 이 신규는 된통 혼이 난다. 기를 꺾는다는 명분으로 말이다.

내가 이 경우에 해당했다. 그때는 몰랐는데 돌아서서 생각해 보니 기선 제압 명목이었던 것 같다. 나는 생김새가 남들보다 센 느낌을 준다. 외모 때문에 사람들이 선입견을 가지고 나를 대하는 것은 알고 있었다. 그래서 더 많이 웃으려고 노력한 것도 있다. 그러나 이러한 나의 생김새 때문에 기가 센 신규로 낙인찍혔을 줄은 몰랐다.

"신규가 너무 선방져요."

"내가 왜 쟤 눈치를 봐야 하는지 모르겠어요."

"배우려는 의지도 없고 노력도 보이지 않아요."

병동에서 나에 대해 이런 평가를 한다고 들었을 때, 기가 막혔다. 진짜 내가 저런 행동을 하고 그런 평가를 받았으면 억울하지나 않을 텐데, 정말 나는 아무것도 하지 않았기 때문이다.

순간 속에서 욱하고 화가 치밀어 올랐다. 진짜 건방진 것이 어떤 것인지 보여 주고 싶은 마음도 생겼다. 그때 나를 잡아 준 사람이 프리셉터 선생님이었다. 선생님은 나의 방패가 되어 주셨다. 그리고 나에게 일하는 법뿐만 아니라 병원에서 살아남는 법도 알려 주셨다.

그때부터 나는 숨을 죽이고 몸을 납작 엎드렸다. 호랑이나 사자가 사냥하는 모습을 본 적이 있는가? 그들은 사냥감이 사정거리 안에 들어올 때까지 숨을 참고 기다린다. 섣불리 행동하다 놀란 사냥감이 달아나지 않도록 말이다. 나는 사자가 되기로 했다. 그렇게 숨을 죽였다.

아무것도 모른다는 표정으로 웃었고, 말도 거의 하지 않았다. 일이 어느 정도 익숙해지니 나에 대한 평가가 달라지고 있었다. 건방진 신규에서 세게 생겼지만 순둥이 신규로 말이다. 그리고 그해가 지나갈 무렵 나는 그 병동에 녹아들 수 있었다.

내가 다른 부서로 전배를 가자 동기가 그 병동으로 발령이 났다. 그 동기가 어느 날 나에게 물었다.

"언니, 대체 어떻게 일한 거야? 그 선생님이 신규들 보고 언니처럼만 일하라고 하던데?"

"별거 없어. 그냥 칭찬만 했어."

"칭찬만 했다고?"

"응. 그 선생님 볼 때마다 하루에 하나씩 칭찬했어."

신규 간호사에게 나만큼만 하라고 했던 그 선생님이 바로 제일 처음 건방지고 불손하다고 나를 평가했던 선생님이다. 세상일이란 것이 참 우습지 않은가? 나에 대해서 가장 앞장서서 불만을 표출하던 선생님이 나의 가장 큰 지지자가 되었다는 것이 말이다.

간호사 생활을 하다 보면 부당한 대우를 받는 경우가 생길 것이다. "모난 돌이 정 맞는다."고 조직은 남들과 다른 모습을 참아주지 않는다. 개성이 강한 경우 특히 위험하다. 성격이 좋고 나쁘고의 문제가 아니다. 그 조직 생활에 녹아드느냐 그렇지 못하느냐의 문제다.

조직은 모난 돌을 때리고 다듬어서라도 틀에 맞추려고 할 것이다. 이때 당신은 선택을 해야 한다. 조직을 박차고 나갈 것인지 아니면 조직에 녹아들 것인지 말이다. 어떤 선택을 하던 당신의 마음이다. 정답은 없다.

나의 경우는 조직에 녹아드는 것을 선택했다. 앞에서 말했다시피 나는 그때 도망치는 것이 나의 패배를 의미한다고 생각했다. 그래서 여기서 버티지 못하면 나는 어디에서도 버티지 못할 것이라는 마음으로 버텼다.

시간이 지나면 새끼 영양이 표범이 되고 늑대가 되고 사자가 되는 순간이 온다. 나는 그 순간을 기다리기로 했다. 그래서 숨을 참고 기다렸다. 위기의 순간이 올 때마다 '내가 너보다는 오래 버틸 것이다'라고 생각했다. 그 결과 나에게 모욕을 주고 나의 험담을 했던 사람들보다 내가 더 오래 버티게 되었다.

정글에서는 강한 자가 살아남는 것이 아니라 살아남는 자가 강한 자가 된다. 혹시 이 정글에서 살아남기로 결정했다면 버텨라. 그리고 보란 듯이 살아남아라.

밥보다
중요한 것

우리의 삶에서 가장 중요한 일은 지금 우리가 하고 있는 일이다.
- 작자 미상 -

간호사들의 식사시간은 짧기로 유명하다. 간호사들을 밀착 취재한 다큐멘터리를 본 적이 있는데, 식사 때가 되었는데도 간호사가 밥을 먹으러 가지 않자 PD가 밥 안 드시냐고 묻는다. 이에 간호사는 지금 너무 바빠서 밥을 먹을 시간이 되지 않을 것 같다고 대답한다. PD는 이런 경우가 흔하냐고 다시 묻는다. 그러자 그 간호사는 밥을 먹는 날보다 먹지 못하는 날이 더 많다고 대답한다.

대부분의 사람들이 먹고살기 위해 일한다. 그러나 그 말은 간호사에게는 해당되지 않는 말이다. 간호사들은 밥을 빨리 먹기로 유명하다. 나만 해도 어지간한 남자들과 속도를 같이하며 먹으니 말이다. 밥을 먹는다는 표현보다 밥을 마신다는 표현이 더 맞을 것 같다. 바쁜 업무 속에서 잠깐의 짬을 내 밥을 마시듯이 먹고 다시 일하러 나서는 것이다.

간호사의 평균 식사시간은 5~10분이다. 사람마다 빨리 먹는 사람이 있고 천천히 먹는 사람이 있다. 그럼 천천히 먹는 사람들은 어떻게 그 시간 안에 밥을 먹는 것일까? 답은 양을 줄이는 것이다. 처음에 신규 간호사들은 밥을 각자의 속도대로 먹는다. 그러나 밥을 먹으러 간 사이에 자신의 일이 쌓이는 것을 보게 되면 밥 먹는 시간을 줄일 수밖에 없게 된다. 도저히 밥을 빨리 먹지 못하겠으면 아예 양을 줄인다. 그렇게 해서 시간을 5~10분에 맞추는 것이다.

나는 평소에도 밥을 먹는 속도가 빨랐다. 그래서 간호사 생활을 할 때 밥을 먹는 것으로 힘들 일은 없을 것이라고 생각했다. 그러나 그것은 나만의 착각이었다. 나의 속도로도 느렸다. 그래서 양을 줄이기 시작했다. 내가 시간에 맞춰 먹을 수 있는 양을 담아 먹었다. 어떨 때는 차라리 밥을 안 먹는 것이 속 편할 때도 있었다.

분만실에서 일할 때의 일이었다. 분만실은 만약 분만이 여러 건이 동시에 터지면 밥을 먹다 말고 뛰어가야 한다. 그 일을 처음 겪었을 때는 얼마나 놀랐는지 모른다. 구내식당에서 밥을 받아 자리에 앉아 몇 숟갈 뜨고 있는데 갑자기 방송이 나오는 것이었다.

"분만실, 분만실 선생님들 분만실로 오시랍니다."

같이 밥을 먹던 선생님이 들었던 숟가락을 내려놓고 식판을

반납하고 뛰기 시작했다. 엉겁결에 나도 같이 달렸다. 밥이 소화는커녕 위에 도달도 안 했을 것 같은 그 짧은 시간에 우리는 분만실에 도착해서 분만에 들어갔다.

그 경험을 하고 나니 차라리 밥을 먹지 않는 것이 속 편하겠다는 생각이 절로 들었다. 그러나 윗분들은 조금의 짬이라도 나면 밥을 먹으라고 우리를 식당에 보내셨다. 안 가도 되는데, 차라리 가지 않는 것이 편한데 말이다. 나중에 깨달았지만 그것이 그분들의 애정표현이었다. 그 시절을 겪어 본 선배로서 후배들에게 식사시간만큼은 보장해 주고 싶으셨던 것이다.

그날도 바쁜 날이었다. 평소 2, 3팀으로 나눠서 식당에 가는데 그럴 인원조차 모자란 날이었다. 2명씩 찢어지듯이 식당을 다녀오고 마지막으로 내 차례가 되었다. 시니어 선생님이 나보고 식당을 다녀오라고 하셨다. 그런데 이미 한 방은 분만이 진행 중이었고, 2명의 산모가 분만을 목전에 두고 있었다. 안 가도 된다고 말씀드리니 그래도 밥은 먹고 하자며 나를 보내셨다.

마음이 불안하니 뭘 먹겠는가. 정말 밥을 마시듯이 먹고 분만실로 다시 복귀했다. 우리 병원의 분만실과 구내식당은 서로 다른 건물에 있는데 내가 이날 밥 먹으러 가서 다시 복귀할 때까지 총 10분이 걸렸다.

"너 밥은 먹고 온 거니?"

나를 식당에 보내셨던 시니어 선생님이 놀라서 물어보셨다. 밥 먹으라고 보낸 애가 너무 금세 돌아오니 식당에 갔다가 그냥 돌아온 줄 아셨던 것이다. 내가 해야 할 일이 쌓여 있으니 밥을 마시듯이 위에 털어 넣고 돌아왔던 것이다.

우리 병원의 경우 구내식당이 따로 격리되어 있어서 밥을 먹는 순간에는 방해받지 않는다. 물론 분만이 동시에 터진 응급상황은 제외하고 말이다. 그런데 밥이 병동으로 배달되는 병원도 있는데 이럴 때는 진짜 밥을 먹기가 힘들다. 쉴 새 없이 콜벨이 울리고 전화가 울리고 환자들이 스테이션으로 나온다. 밥을 먹을 단 5분의 짬도 없는 것이다.

빨리 먹으려고 컵라면에 물을 부어 놓는다. 그런데 그 컵라면을 먹을 시간이 없어서 나중에 다 불어 터진 라면을 먹었다는 이야기는 간호사라면 누구나 다 공감할 것이다. 그렇게 일하다 보면 나중에는 나도 모르게 눈물이 난다. 할 일은 쌓여 있는데 시간이 없는 것이다. 내가 처리해야 할 일도 너무 많은데 환자들은 자꾸 무언가를 요구한다. 내가 여러 명이었으면 좋겠다고 생각할 때도 많다.

사실 밥보다 더 심각한 것이 물이다. 나는 지금도 물을 잘 마시지 않는다. 병동에 있을 때 물을 마시지 않았던 것이 습관으로 굳어진 것이다. 왜 물을 마시지 않느냐면 화장실에 갈 시간이 없기 때문이다. 간호사들이 달고 사는 질병 중 하나가 방광염이다. 화장실을 갈 수 없기 때문에 참다가 병이 되는 것이다. 화장실을 가려고 하면 콜벨이 울린다. 가서 무슨 일인지 확인하고 해결해 주고 화장실을 가려고 하면 또 전화가 울린다. 다 정리하고 또 화장실을 가려고 하면 환자가 피가 역류하는 수액을 들고 스테이션으로 나온다. 이쯤 되면 그냥 가지 말자고 포기하게 된다.

어떤 날은 화장실을 근무 시작 전에 가고 근무 끝나고 가게 되는 경우도 있다. 최소 8시간 이상을 참는 것이다. 어떤 신규는 내게 기저귀를 차고 일한다고 말했다. 그때 받았던 충격이 한동안 가시지 않았다. 동시에 그렇게까지 해야 하는 현실이 너무 슬펐다. 나 같은 경우는 바쁠 것 같은 날이면 아예 물을 마시지 않는다. 음료수, 물, 어떤 것도 마시지 않는다. 그렇게 해서 화장실에 가야 하는 횟수를 줄여 버린다. 그것이 습관이 되었고 지금도 그 습관 때문에 물을 많이 마시지 못한다.

밥을 빨리 먹고 수분 섭취가 제한되는 환경에 오래 노출된 간호사들은 위장병을 달고 산다. 일종의 직업병인 셈이다. 남의 병을 고치면서 자신들은 골병이 드는 것이 병원에서 일하는 사람들의 현실이다.

이 모든 것들은 결국 업무량이 과다하기 때문에 일어나는 현상들이다. 그런데 간호사들은 그것을 힘들어할지언정 크게 불평하지는 않는다. 어쩔 수 없는 자신의 직업의 일부분이라고 생각한다. 우리는 아픈 사람을 보살피는 사람들이다. 내 밥보다, 내 물보다 그들의 불편함을 해소시키는 것이 더 우선이라고 생각하기에 이런 것들도 감수하는 것이다. 병원은 모든 일들이 차례로 순서를 지켜 가면서 일어나는 곳이 아니다. 응급상황도 너무 많고 예상치 못한 일들이 정말 많이 일어난다.

내가 연차가 올라서 어느 정도 선배의 위치가 되고 보니 왜 선생님들이 그렇게 밥을 먹으라고 보내셨는지 알 것 같다. 환자를 위해서 자신을 희생하고 그것을 당연하게 여기는 후배들이 안쓰럽고 그 마음이 대견하기 때문이다. 그래서 단 10분이라도 쉬게 해 주고 싶었던 것이다. 간호사들이 밥을 마시는 그 10분은 그들에게는 잠깐 숨을 돌리는 틈이기도 하다.

공포의 대상
혈관주사

어느 직장이나 하기 싫은 일이 있다.
행복의 첫째 비밀은 이 기본적인 사실을 인정하는 것이다.

- M. C. 매킨토시 -

'간호사' 하면 생각나는 것이 주사다. 그중에서도 혈관주사는 많은 간호사들을 좌절하게 만드는 것 중의 하나다. 아무리 무뚝뚝하고 불친절한 간호사라도 한 번에 주사를 놔 주면 환자에게는 최고의 간호사가 된다. 반대로 아무리 친절하고 좋은 간호사라도 주사를 놓는 데 여러 번 실패하면 무능한 간호사가 되고 만다. 그래서 오늘도 많은 간호사들이 이 혈관주사에 울고 웃는다.

신규 간호사 시절, 내가 모아병동에 있을 때의 일이다. 나는 그날 제왕절개를 하는 산모에게 혈관주사를 놓기 위해 준비를 해서 병실로 들어갔다. 임신을 하게 되면 혈류량이 많아져서 혈관이 두꺼워진다. 그래서 크게 비만인 산모가 아니고서는 혈관을 쉽게 찾을 수 있다. 이 산모 역시 혈관을 쉽게 찾을 수 있었다. 그래서 나는 금방 주사를 놓게 될 줄 알았다.

그런데 첫 주사를 놓았는데 혈관이 터져 버렸다. 산모의 혈관은 매우 좋았기 때문에 나는 양해를 구하고 다른 팔에 다시 시도했다. 그런데 또 혈관이 터진 것이다. 거기서 그만두고 나왔어야 했는데 무슨 오기가 생겼는지 계속해서 시도했다. 그러나 결국 산모의 혈관을 잡을 수 없었다.

지금 생각하면 그 산모는 천사였다. 내가 실패한 혈관주사의 바늘은 수술용으로 매우 굵었다. 나는 도합 일곱 번 주삿바늘을 찔렀다. 그러나 모두 실패하고 울면서 병실을 나왔다. 다른 선생님들은 대체 왜 네가 우냐며 놀렸다. 당시 그 산모에게 너무 미안하고 나 자신이 너무 밉고 한심해서 서럽게 울었던 것 같다.

그때 다른 선생님이 들어가서 한 번에 주사를 성공하고 나오셨다. 그분은 나에게 한두 번 해서 안 될 것 같으면 손을 바꾸라고 충고해 주셨다. 환자의 혈관이 좋고 나쁘고를 떠나서 나와 안맞는 혈관인 경우두 있다는 것이다. 그러니 안 되는 날에는 미련하게 오기 부리지 말고 빨리 손을 바꾸는 것이 환자에게도 내게도 이득이라고 말씀하셨다.

그 후로 나에게도 이 환자가 나와 맞는지 안 맞는지 판단하는 감이 생겼다. 이 감은 지금까지도 잘 맞는 편이다.

하루는 한 산모에게 혈관주사를 놓으러 가는데 산모 얼굴을 보는 순간 잘 안 될 것 같다는 감이 왔다. 이미 인계시간에 산모와 보호자가 어떤 사람들인지에 대해 들은 것이 있어서 반드시 한 번에 성공해야 한다는 부담감이 있었다.

'이거 실패하면 망한다. 무조건 성공해야 한다'

이런 생각으로 찔렀는데 피가 나오지 않는 것이다. 어떻게든 해보려고 바늘을 이리저리 돌렸다. 우리가 혈관을 '쑤신다'라고 표현하는 방법이다. 한 번 찔렀을 때 혈관을 비켜 갈 경우 이렇게 쑤시면 혈관이 찾아질 때가 있다. 이것은 다른 사람이 볼 때는 한 번만 찌른 것이 되어 불만을 듣지 않을 수 있기 때문에 간호사들이 종종 사용하는 편법이다. 그러나 이 방법은 그렇게 해도 혈관을 못 찾을 경우 엄청난 불만을 야기할 수 있다는 위험 부담도 있다.

그렇게 혈관을 쑤셨는데도 혈관이 걸리지 않는 것이었다. 산모에게 양해를 구하고 다른 팔에 다시 시도했다. 이미 보호자의 표정은 욕이 나오기 일보 직전이었다.

"거 잘 좀 합시다. 한 번에 해요. 한 번에."

보호자의 입빅을 빌며 두 번째 바늘을 넣었는데 피는 나왔다. 그런데 바늘을 밀어 넣으려고 하는데 뭔가 걸리는 것이다. 머리가 하얘지면서 피가 식는 느낌이었다. 무조건 이 바늘을 안전하게 밀어 넣어야 했다. 거기서 조금이라도 더 깊게 찌르면 혈관이 터져 버리기 때문에 혈관이 터지지 않게 밀어 넣는 것이 관건이었다. 너무 긴장한 탓인지 손이 자꾸 헛손질을 했다. 결국에는 손이 덜덜덜 떨렸다. 그리고 그 모습을 보호자가 보고야 말았다.

"야 이씨! 당신 간호사 맞아? 그렇게 손을 떨면 환자가 불안해서 어쩌라는 거야? 내 아내가 니들 연습 대상이야? 당장 다른 간호사 데려와!"

결국 수간호사 선생님이 그 산모에게 주사를 놓고 나왔다. 시니어 선생님들도 들어가고 싶어 하지 않았기 때문이다. 그 뒤로 나는 내 감이 보내는 경고음을 무시하지 않기로 했다.

이외에도 혈관주사에 얽힌 일화는 너무나도 많다. 항암병동에 있을 때 한 병실의 모든 환자들에게 주사를 놔야 하는 경우가 있었다. 그런데 내가 앞의 환자들에게 한 번에 주사를 못 놓으니 어떤 환자는 아예 나에게 팔을 내주지 않기도 했다. 보고 있다가 불안하니까 다른 선생님을 불러 달라고 하는 것이었다.

그럴 때는 말없이 다른 선생님을 불러 준다. 괜히 쓸데없는 고집을 부려 나와 환자 모두 스트레스를 받는 것을 원치 않기 때문이다. 내가 놓을 수 있을 것 같은 혈관이어도 그렇게 한다. 내가 할 수 있다고 했다가 만약 실패하면 환자와의 관계 자체에 금이 갈 수도 있기 때문이다.

얼마 전 검사실에 헬퍼로 파견을 나갔을 때의 일이다. 한 아주머니가 나를 보며 아는 척을 하셨다.

"어머, 아직 이 병원 다니고 있었네?"

내 기억에는 없는 사람이었다. 재빨리 기억을 뒤져 봤지만 없었다. 이름도 생소했다. 그러나 그 아주머니는 나를 알고 있었다. 처음에는 다른 간호사와 착각하셨나 생각했는데 이야기를 들어 보니 내가 맞았다.

"자기 그때 주사 못 놔서 맨날 울고 그랬잖아. 이제는 주사 잘 놔?"

"맨날 울었으면 제가 맞긴 맞는데…."

"자, 얼마나 늘었는지 볼까?"

나의 반쪽짜리 기억에 그분의 이야기를 섞으면서 주사를 놨고 한 번에 성공했다. 상당히 긴장했었는데 운이 좋았다. 예전에 항암주사를 맞은 여파로 그분에게는 아주 가느다란 실핏줄 하나만 있었기 때문이다. 거기에 놓지 못했으면 지금 생각해도 아찔하다.

"이제 잘 놓네?"

"그럼요. 제가 지금 몇 년 찬데요."

그제야 난 여유를 되찾고 농담을 받아쳤다. 그 뒤로도 몇 번 그분을 다시 만날 기회가 있었다. 그때마다 참 유쾌하고 기분이 좋았다. 나는 아직도 그분이 기억나지 않지만 그분의 기억 속에는 울보 신규에서 여유가 생긴 10년 차 간호사까지 나의 역사가 그대로 살아 있을 것이다. 내가 잘 버텨 왔다는 것을 다른 사람이 증명해 주는 것도 꽤 가슴 벅찬 일이다.

아무것도 몰랐던 신규 때부터 지금까지도 나는 혈관주사가 부담스럽다. 가능하면 안 놓았으면 좋겠고 또 놓아야 한다고 해도 내가 안 했으면 좋겠다. 아마 이 마음은 모든 간호사들이 마찬가지일 것이다. 그러나 가끔 정말 어려운 혈관을 찾아서 한 번에 딱 성공할 때 느낄 수 있는 짜릿한 희열도 있다. 혈관주사를 놓을 때 가장 중요한 것은 한 번에 놓는 것이다. 그다음 중요한 것은 물러날 때를 아는 것이다.

미생에서
완생으로

우리는 성숙해지기 위해서 나이라는 비싼 대가를 치른다.
— 톰 스토파드 —

3년 전 대한민국에는 〈미생〉 열풍이 불었다. 직장인들의 애환을 담은 이 드라마는 많은 직장인들의 공감을 사며 선풍적인 인기를 얻었다. 아마 이 드라마를 보며 울고 웃었던 직장인들 많았을 것이다. 그리고 나도 그 울고 웃었던 직장인 중 한 명이었다.

극 중 장그래의 첫 출근 때였다. 상그래는 영업 3팀으로 배정되었는데 아무도 그에게 일을 주지 않는다. 그저 멀거니 한쪽에 서 있기만 하는 장그래. 그런 그의 정적인 모습은 바쁘게 움직이는 다른 사람들과 비교가 되며 더 극적으로 다가왔다.

장그래는 뭘 어떻게 해야 할지 몰라서 그저 서 있다. 다른 사람에게 피해를 주지 않으려고 한쪽에 서 있는데 그 위치마저 다른 사람의 동선에 자꾸 걸린다. 가만히 서 있는 것도 피해가 되는 상황에 장그래는 자꾸 구석으로 스스로를 밀어붙인다.

이 장면을 보고 주책맞게 한참을 울었었다. 장그래의 모습에서 나의 신규 때 모습이 떠올랐던 것이다. 처음 병동에 발령받고 할 줄 아는 게 아무것도 없으니 그저 보고만 있어야 했던 적이 있었다. 내가 무엇을 하려고 해도 다른 선생님들이 하지 말라고 말렸다. 어차피 내가 할 줄 아는 것은 없었기 때문에 그들의 판단은 옳았다. 하지만 괜스레 서러워졌던 것도 사실이다. 그래서 한쪽에 우두커니 서 있었다. 장그래처럼.

"선생님, 잠깐만."

"선생님, 잠시만."

다른 선생님들이 바쁘게 움직이는 그 동선에 내가 서 있었다. 그래서 선생님들은 나에게 양해를 구하며 나를 비켜 다녔다. 그 누구도 나에게 거기 서 있으면 걸리적거리니 다른 곳에 가라고 말하지 않았다. 그런데도 그 자리에 서 있기만 하는 나 자신이 너무나 초라하게 느껴졌다. 할 줄 아는 것은 그저 서 있는 것밖에 없는데 그조차도 방해가 되는 나 자신이 싫었다.

〈미생〉에서 장그래를 봤을 때, 모든 게 떨리고 미숙하고 불안했던 병원 입사 때가 생각났다. 장그래가 지금 어떤 심정인지 너무나도 공감이 가서 한참을 울었었다.

우리는 흔히 "누구는 태어났을 때부터 알았나?"라는 말을 한다. 누구나 다 모르고 미숙한 처음이 있다는 말이다. 처음은 단어 그 자체로도 설렘과 두려움을 동시에 내포한다. 처음 학교에 입학했을 때, 처음으로 부모님과 떨어져 지냈을 때, 처음으로 입사했을 때 등등 우리는 많은 처음의 순간을 경험해 왔다. 그리고 많은 시행착오를 거쳐서 지금의 모습으로 자리매김한 것이다.

완벽하지 않아서, 온전하지 않아서 우리는 '완생'이 아닌 '미생'이다. 나뿐만 아니라 완생으로 가는 우리 모두가 미생이다. 그런데 우리는 가끔씩 그 사실을 잊을 때가 있다. 나 또한 아직 미생이라는 사실을 말이다.

신규 간호사 시절에는 정말 말도 되지 않는 기상천외한 실수들을 한다. 지금 생각해 보면 '상식적으로 어떻게 저게 가능하지?'라는 생각이 든다. 하지만 그 당시에는 너무 당연하게 그런 실수들을 하게 된다. 환자에게 치명적인 투약 실수만 아니면 어느 정도의 실수는 선배들이 커버해 준다. 신규 간호사가 모르는 것은 당연하고 실수하는 것도 당연하기 때문이다. 트레이닝을 담당하는 간호사들은 모두 신규 간호사의 실수를 커버하는 몫도 감당한다. 그렇기 때문에 트레이닝을 할 때 더 엄하게 대하는 것이다.

내가 신규 간호사일 때는 이런 것을 몰랐다. 그저 엄하게 대하는 것이 무섭고 서럽기만 했었다. 내가 그 위치가 되어 보니 왜 그렇게 엄했어야만 했는지 이해가 갔다. 내 실수는 곧 그들의 실수이기도 했었기 때문이다.

신규 간호사가 드러난 미생이면 중간 연차 간호사는 보이지 않는 미생이다. 병원에 따라 주니어라고 불리는 3~7년 차 간호사들 말이다. 이들은 어느 정도 일도 익숙하고 이미 한 명의 간호사로서 프로페셔널한 모습을 보인다. 그런 그들의 가장 큰 맹점은 바로 올챙이 시절을 기억하지 못한다는 것이다.

대체로 이 연차의 간호사들이 신규 간호사들의 액팅 트레이닝과 군기 담당을 맡게 된다. 군대도 바로 윗선임이 가장 무섭듯이 신규 간호사들에게 가장 어려운 존재가 바로 이들이다. 그들은 망각의 강물을 마신 망자처럼 자신의 신규 시절은 까맣게 잊고 신규 간호사들이 이해가 되지 않는다고 한다.

내가 4년 차일 때의 일이다. 나는 팀을 보고 있었고 그날은 우리 팀이 바쁜 날이었다. 게다가 나는 혼자서 팀을 봐야 했기 때문에 정말 정신없이 바빴다. 고양이 손이라도 빌리고 싶은 심정이었다. 그때 다른 팀 신규 간호사가 자신의 일을 끝내고 스테이션에 앉아 있었다. 그녀가 알아서 도와줬으면 하는 마음은 있었지만 저 신규 간호사도 힘들었을 테니 쉬게 두자는 생각도 들었다. 그런데 이 신규 간호사가 인터넷을 하고 있는 것이 아닌가? 선배인 나는 혼자서 이리저리 뛰어다니는데 말이다. 순간적으로 화가 났다. 그래서 들고 있던 차트를 던지듯이 스테이션에 내려놓으며 그 신규 간호사에게 물었다.

"바쁘니?"

그날 나는 그녀에게 내 일을 도와 달라고 부탁하지 않았다. 그저 배배 꼬인 대답만 돌려줬을 뿐이다.

그날 저녁에 집에 가는데 문득 내 모습이 신규 간호사 때 내가 그렇게 욕했던 선배 간호사들의 모습과 닮아 있다는 사실을 깨달았다. 욕하면서 배운다더니 내가 딱 그 꼴이었다. 그때 나는 나 역시 완생이 아닌 미생임을, 겉으로 드러나지 않아 몰랐을 뿐이라는 것을 깨닫게 되었다.

벼는 익을수록 고개를 숙인다고 했다. 그 말이 어떤 뜻인지 몰랐는데 내가 사회생활을 해 보니 알 것 같다. 신규 간호사들을 트레이닝할 때 나는 마냥 좋은 선배는 아니었다. 물론 잘해 주고 싶은 마음이 컸지만 그들을 이해하지 못하는 면도 많았다. 나 역시 힘들고 억울한 시절을 보냈는데 그때의 기억은 이미 저편에 던져버린 지 오래였다.

학교에서 분명히 다 배우는 건데 대체 왜 임상과 연결을 못하는지 모르겠다고 한 적도 있다. 인계를 하다가 신규 간호사에게 물었다. 대체 환자가 왜 그 검사가 나가는지 알고 있느냐고. 그녀는 예상치 못한 질문에 답변도 하지 못했다. 그때 나는 분명 학교에서 다 배운 것이라고, 그 정도는 기본 상식으로 알고 있어야 한다고 한 소리 했다. 그런데 그때보다 더 연차가 쌓인 지금 생각해 보니 신규 때는 모르는 것이 당연한 것이었다. 그 시절에는 학교에서 배운 것을 임상과 연결해서 생각할 정신도 없고 여유도 없기 때문이다.

그때는 보이지 않았던 것들이 지금은 하나씩 보인다. 그래서 좀 더 넉넉하게 후배들을 대할 여유가 생긴다. 그렇게 나도 조금씩 완생을 향한 걸음을 걸어 나가는 것이다. 병원에서 미생은 비단 신규 간호사에게만 해당되는 것이 아니다. 우리 모두 완생으로 가는 미생이다.

먼저 사람이 되라

나는 내가 해야 할 일을 알고 있었다.
그것은 나가서 사람을 만나고 사랑하는 것이었다.

– 영국 황태자비, 다이애나 –

"누군가 해야 하는 일이면 내가 하자!"

이것이 나의 프리셉터 선생님이 내게 강조하신 단 하나였다. 선생님은 사람이 먼저 되어야 한다고 말씀하셨다. 간호의 기술에 관련된 것보다는 인성에 관련된 것을 더 엄격히 가르치셨다.

나는 외동딸로 태어났다. 금수저까지는 아니어도 먹고사는 데 지장 받지 않고 살았다. 어렸을 때부터 사람들과 부대끼며 자라지 못했던 나는 개인주의적인 성향이 굉장히 강했다. 이 성격이 잘못된 것은 아니다. 그러나 한국 사회에 맞지 않는 성격임은 분명했다.

나는 대학시절 성당에서 주일학교 교사를 한 경험이 있다. 때는 여름이었고, 성당에서는 학생들 여름캠프 준비가 한창이었다. 교사들은 거의 성당에서 생활하다시피 했다. 물론 밥도 성당에서 먹게 되었다. 주로 배달음식을 시켜 먹었는데 나는 다 먹은 후 내가 먹은 그릇만 치웠다. 그리고 다른 할 일이 있어서 밥 먹는 곳을 벗어났다. 그런 날들이 반복되었다. 어느 날 바로 위의 선배가 우리를 불러 놓고 말했다.

"원래 밥 먹으면 막내들이 뒷정리 다 하는 거야. 그리고 지금 내가 커피 타는 거, 이것도 원래 너희가 해야 하는 거야. 너희가 하지 않으니까 내가 하는 것이고."

하나부터 열까지 다 이해가 안 가는 말들이었다. 대체 선배들이 먹은 밥그릇을 왜 내가 치워야 하는지도 모르겠고 식후 커피를 왜 내가 타 줘야 하는지도 이해가 되지 않았다. 마시고 싶으면 본인이 타 마시면 될 것 아닌가? 나는 집에서도 내가 커피를 타 먹어 본 적이 없는데 졸지에 남의 커피를 타 주게 생긴 것이다.

이해가 안 가는 일들투성이였지만 그 자리에서 뭐라 하고 싶지 않아 그냥 알겠다고 했다. 그 자리에서 싫다고 하면 어차피 뒷말들을 할 테데 그 꼴도 보고 싶지 않았기 때문이다. 그렇게 이해는 되지 않았지만 마지못해 했던 그 경험들이 사회생활에 큰 도움이 되었다. 지금에서야 고백하지만 내가 주일학교 교사를 하지 않았다면 병원에 입사했을 때 내가 먹었던 욕의 열 배쯤은 더 먹었을 것이다.

그러한 나의 개인주의 성향을 프리셉터 선생님은 바로 알아

보셨다. 그리고 이해가 되지 않으면 움직이지 않으려 하는 나의 특성도 간파하셨다. 그래서 선생님이 강조하신 것은 딱 하나였다.

"누군가 해야 할 일이면 내가 한다는 마음으로 일해라."

누군가는 해야 할 일인데 그것을 자꾸 미루다 보면 일이 누군가에게 몰아치게 된다. 보통 시니어들이 미룬 일들이 신규에게까지 내려오게 된다. 그러면 신규는 별 수 없이 그 일을 해야 하는데 그 마음이 좋을 리가 없다. 그러니 같은 일을 해도 짜증이 날 수밖에 없다. 그러나 어차피 내가 해야 할 일이라고 생각한다면 기분 상하지 않고 할 수 있다는 것이다.

나는 하루에도 몇 번씩 저 말을 들었다. 누군가 해야 하는 일이라면 내가 한다는 마음으로 일하다 보니 짜증나는 일도 줄어들었다. 대신 선생님은 흔히 말하는 사회생활을 나에게 시키지 않았다. 아마 그래서 내가 더 선생님을 따랐던 것 같다. 그분은 딱 업무에 필요한 부분만 내게 알려 주셨다. 그렇다고 해서 내가 선생님께 혼이 나지 않은 것은 아니다. 어느 날이었다.

"송세실 선생님, 잠깐 이리 와 봐요."

선생님이 무서운 얼굴로 나를 부르셨다. 실수한 것이 없는 것 같은데 왜 부르셨을까 싶어 처치실로 들어갔다.

"내가 왜 불렀을 것 같아?"

"잘 모르겠는데요. 제가 뭐 실수한 게 있나요?"

"봐봐."

선생님이 보여 주신 것은 텅 빈 알코올 캔이었다. 아차, 환자 처치 때 쓰고 채워 놓는다는 것을 깜빡한 것이다.

"내가 뭐라고 그랬어? 누군가 해야 할 일이면 내가 하자는 마음으로 일하라고 하지 않았어? 선생님 다음 사람이 이 캔을 들고 갔는데 환자 앞에서 텅 빈 캔을 보면 얼마나 화가 나겠어?"

"제가 채워 놓는다 하고 깜박했습니다. 죄송합니다."

"나중에 하려고 하면 놓친다고. 생각했을 때 바로 하는 게 좋아. 이거 채우는 데 시간 그렇게 많이 안 걸려. 습관을 그렇게 들이면 돼."

그때부터 나는 알코올 캔을 채우는 습관을 들였다. 일을 시작할 때 채워 놓고 퇴근할 때 채워 놓았다. 프리셉터 선생님은 불시에 알코올 캔을 열어 보셨다. 때문에 늘 체크하다 보니 자연히 몸에 익었다. 그러한 습관은 분만실 생활에 도움이 되었다.

분만실은 인계가 끝나면 전 근무자들이 알코올 솜, 수액들을 다 채워 놓고 퇴근한다. 새로 들어온 근무자가 바로 업무에 투입될 수 있도록 배려하는 것이다. 나는 이미 그것들이 습관이 되어 있었기 때문에 적응하는 데 큰 도움이 되었다.

이렇듯 나를 혼내 가며 선생님이 나에게 강조하고 싶었던 부분은 바로 배려였다. 남들이 하지 않으려 하는 일이나 남들이 신경 쓰지 못하는 일을 내가 해 주는 배려를 알려 주고 싶었던 것이다. 이렇게 서로 배려하는 문화가 생기면 바쁜 업무 중에도 얼굴 붉히는 일들이 줄어들게 된다. 선생님은 나를 통해 이러한 문화를 만들고 싶으셨던 것 같다.

누누이 말하지만 간호사는 매우 업무량이 많다. 밥을 못 먹는 일도 허다하고 물도 마시지 못할 만큼 바쁘다. 그렇기 때문에 서로 예민해질 수 있다. 기본적으로 환자의 생명을 다루는 일이기 때문에 예민하고, 바쁜 업무 때문에 예민해진다. 그럴 때 이렇게 서로 배려하는 모습을 보인다면 업무 때문에 예민해진 신경이 누그러질 것이다.

또한 이러한 배려는 상대방을 존중하는 예의의 표현이기도 하다. 내가 어렸을 때 일하고 들어오시는 엄마를 위해 아버지는 차로 엄마를 마중 나가곤 하셨다. 하루 종일 일하느라 고단했을 엄마를 잠시라도 편안하게 해 주려는 아버지의 배려였다. 아버지는 그렇게 애정과 감사를 표현했던 것이다.

기술은 시간이 지나면 누구나 익힐 수 있다. 아무리 어려운 기술이라도 시간에 차이가 있을 뿐 익히지 못하는 기술은 없다. 그러나 인성은 다르다. 인성은 습득하는 골든타임이 있다. 신규 때가 바로 그 골든타임이다. 왜냐하면 연차가 올라가면 자신의 고집과 생각이 강해져서 타인의 충고가 먹히기 힘들기 때문이다.

시간이 흘러 내가 선생님이 나를 가르쳤을 때의 연차가 되었을 때 내게 신규를 트레이닝 시킬 기회가 주어졌었다. 신규를 트레이닝하며 나는 언젠가 들었던 이야기를 똑같이 하고 있었다.

"누군가 해야 할 일이면 내가 한다는 생각으로 일하세요."

내 머릿속의 지우개

나의 성공은 우연히 이뤄지지 않았다.
꾸준한 노력이 나를 성공으로 이끌었을 뿐이다.

— 어니스트 헤밍웨이 —

신규 간호사들의 트레이닝은 크게 두 가지로 나뉜다. 간호 업무의 기술과 병동의 프로세스를 배우는 '액팅 트레이닝'과 실제로 팀을 보고 환자 간호에서 주체적인 역할을 하는 '시니어 트레이닝'이다.

처음 액팅 트레이닝을 할 때 신규 간호사는 눈물, 콧물을 나 쏟는다. 그때는 이 트레이닝 기간이 끝나면 상황이 나아질 것이라고 생각한다. 그러나 진짜 시작은 시니어 트레이닝이다. 시니어 트레이닝에 들어가면 신규 간호사는 말 그대로 지옥을 경험하게 된다.

몸으로 뛰는 액팅 트레이닝과 다르게 시니어 트레이닝은 체력적으로 힘든 일은 없다. 팀을 보는 선생님 옆에 앉아서 설명을 들기만 하면 된다. 그런데 이 설명을 듣는 일이 바로 지옥으로 들어가는 문이다. 왜냐하면 많은 양의 정보들이 한꺼번에 쏟아지듯 들어오기 때문이다. 한꺼번에 홍수처럼 쏟아지는 정보들로 이미 뇌는 포화상태다. 그다음부터 프리셉터 선생님이 하신 말씀들은 그저 머리 안에 둥둥 떠다니기만 한다. 시니어 트레이닝을 받게 되는 신규 간호사들은 공통적으로 이렇게 생각하게 된다.

'내가 원래 이렇게 멍청했던가?'

자신의 지적 능력에 대해 끊임없이 의문을 제기하는 때가 바로 이때다. 앞에서 설명을 들을 때는 다 이해가 된 것 같은데 돌아서면 기억이 가물가물해진다. 만약 프리셉터 선생님이 다시 묻기라도 하면 분명 들었던 내용인데 들었다는 사실만 기억나는 것이다. 그럼 또 혼나게 된다. 사실 혼나는 것보다 자신의 한계에 더 좌절하게 된다.

우리는 학교에서 전반적인 간호에 대해 공부했고 시험을 봤다. 그러니 트레이닝 때 알게 되는 지식이 마냥 새로운 것은 아니다. 그럼에도 불구하고 이미 알고 있었을 내용마저 기억나지 않는다. 이쯤 되면 자신의 기억력에 문제가 있는 것은 아닌지 의심하게 된다.

"선생님, 이게 뭐였죠?"

프리셉터 선생님의 질문에 나는 오늘도 꿀 먹은 벙어리다. 내가 저것을 들었다는 사실만 기억에 남는다. 눈만 껌벅이고 있으니 프리셉터 선생님이 화가 났나 보다.

"이거 내가 이야기해 준 건데 내가 말할 때 잤어요?"

"아닙니다."

"그럼 내 얘기 대충 흘려들어요? 지금 계속 이야기하는데 선생님 이런 식이면 나 트레이닝 못 해요."

진짜 죄송하게도 나는 기억이 나질 않았다. 때로는 그 순간을 모면해 보려고 아무렇게나 말하기도 한다. 정말 '아무 말 대잔치' 다. 그리고 이럴 경우 기억 못하는 것에 거짓말한 괘씸죄가 추가되어 정말 눈물이 쏙 빠지게 혼난다.

여태껏 살아오면서 머리가 나쁘다는 생각을 한 번도 해 본 적이 없다. 그런데 그때는 '사실 내 머리가 정말 나빴는데 모르고 산 것은 아닐까'라는 생각이 절로 들었다. 돌아서면 잊어버렸다. 마치 머릿속에 지우개가 있는 것처럼 작은 흔적만 남고 까맣게 잊어버리게 되는 것이다. 이때 남아 있는 작은 흔적은 그 내용을 들은 적이 있다는 사실의 인지다.

그때는 그렇게 속상했는데 지금 생각해 보면 기억나지 않는 것은 당연했다. 보통 시니어 트레이닝은 프리셉터의 근무와 같이 이루어지는데 그 업무 속도에 맞춰서 트레이닝이 진행된다. 빠른 시간에 많은 내용을 알아야 하니 소화도 시키기 전에 끝나 버리게 된다. 그래서 돌아서면 잊어버리는 것이다. 프리셉터 선생님이 말하는 내용의 반절은 놓친다고 보면 된다. 그러니 자신의 기억력이나 지적 능력에 의심을 갖지 않아도 된다. 그러나 안타깝게도 그래도 혼은 난다는 것이다.

이렇게 눈물의 트레이닝 단계가 지나면 한 명의 간호사로 독립하게 된다. 그때부터는 실전이다. 쉴 새 없이 울리는 콜벨, 전화 모두 내가 처리해야 한다. 내 기본 업무가 있는데 환자들은 수시로 간호사를 찾는다.

간호사들이 가장 많이 하는 말이 무엇인지 아는가? 바로 "잠시만요."다. 한 신문기사에 따르면, 간호사들이 주로 쓰는 말 중 가장 높은 빈도를 차지하는 말이 "잠시만요."라고 한다. 너무 많은 요구사항들이 한꺼번에 들어오기 때문에 잠시만 기다리시라는 저 말이 입에 붙을 정도로 많이 내뱉는 말이 되는 것이다.

이 기사를 보고 내가 업무를 보면서 "잠시만요."라는 말을 얼마나 자주 쓰는지 체크해 보았다. 결과는 너무 우스울 정도였다. 나는 평균적으로 10분에 한 번씩 "잠시만요."라고 말하고 있었다. 내가 외래에 있기 때문에 이 정도인 것이다. 실제로 병동에서 근무하는 간호사를 대상으로 체크해 본다면 5분에 한 번꼴로 이 말을 할 것이다.

이렇게 많은 업무가 물밀듯이 밀려오면 자신이 원래 하려는 일들을 잊는 경우가 허다하다. 분명 라운딩을 돌면서 환자 수액이 얼마 남지 않은 것을 확인했다. 속으로 라운딩을 다 돌고 새 수액을 가져와서 갈아야겠다고 생각하고 지나간다. 그러나 갑자기 수술 환자가 내려오고 또 콜벨이 울려서 그곳에 가서 처리하고 전화를 받고 하다 보면 환자가 피가 역류하는 수액을 들고 화가 나서 나온다.

그제야 내가 저 환자의 수액을 교체하려고 했었던 기억이 떠오른다. 사실 그전까지는 까맣게 잊고 있는 경우가 많다. 이런 일들이 하루에도 몇 번씩 일어나게 된다. 그래서 많은 신규 간호사들은 이 사실만으로도 혼나기도 한다.

어느 간호사는 간호사 트레이닝을 두고 '가혹한 훈련'이라고 말했다. 이제 겨우 덧셈을 배운 아이에게 구구단을 외우게 하는 것이 간호사 트레이닝이라는 것이다. 모든 것에는 하나하나 단계가 있는데 간호사의 훈련은 그 단계가 너무 빨리 지나가 버린다. 어떤 경우에는 단계를 몇 개 건너뛰기도 한다.

따라가는 것만으로도 벅차고 힘든 시기가 바로 이때다. 그렇기 때문에 자꾸 돌아서면 잊어버리는 것이다. 누구보다도 잘하고 싶고 인정받고 싶은 욕구가 있을 텐데 현실의 벽에 자꾸 부닥치게 되면서 자신감도 떨어지고 자존감마저 떨어지게 된다.

그래서 이 시기에 많은 신규 간호사들이 우울증에 걸리기도 한다. 그러나 분명히 말해 두고 싶은 것은 누구나 다 그랬다는 것이다. 제아무리 눈치가 빠르고 똑똑한 신규 간호사라도 이 시기에는 기억하는 것보다 잊어버리는 것이 더 많다. 그들도 똑같이 자괴감에 빠져서 말하곤 한다.

"선생님, 제가 진짜 바보였나 봐요."

혹시 지금 이 트레이닝의 터널을 지나고 있는 신규 간호사가 있다면 힘내라고 말해 주고 싶다. 나는 그 트레이닝을 세 번 겪은 사람이다. 많은 것을 습득해야 하는 그 시절이 얼마나 힘들고 서러운지 누구보다도 잘 알고 있다. 그래서 더 확실하게 말해 줄 수 있다. 이 시기에 어떤 마음가짐을 가지고 견뎌야 하는지 알고 싶다면 010.8898.6176으로 연락해 보길 바란다. 먼저 이 길을 걸어온 선배로서 따뜻한 조언을 들려줄 것이다. 비록 기억하는 것보다 잊어버리는 것들이 더 많지만 이 시기가 지나면 더 많은 것들을 알 수 있게 된다. 그러니 포기하지 않기를 바란다.

장님 3년, 귀머거리 3년, 벙어리 3년

모든 것에는 끝이 있다. 그리고 인내는 성공을 획득하는 수단이다.
- 막심 고리키 -

옛날 우리네 어머니들은 시집살이를 혹독하게 했다. 낯선 곳
에서 낯선 사람들과 지내며 낯선 가풍을 이겨 내야 했다. 그래서
어머니들의 눈에서는 눈물이 마를 날이 없었다. 우리 옛 어머니
들의 시집살이를 다룬 노래, 시, 소설 등은 그 수만 해도 수십 개
가 넘는다.

어머니들의 시집살이는 간호사들의 신규살이와 비슷한 점이
참 많다. 낯선 환경에 적응해야 한다는 것이 첫 번째고, 주체가 주
로 여성이라는 것이 두 번째다. 그리고 많이 울게 된다는 것이 세
번째다.

처음에 병동에 배정받게 되면 층층시하 시집살이가 시작된다.
언제나 가장 무서운 존재는 바로 윗연차다. 시할머니보다 시어머

니가 더 무섭듯이 말이다.

나의 일거수일투족을 병동의 모든 선생님들이 지켜보고 있다. 그러니 작은 꼬투리라도 잡히지 않는 것이 상책이다. 일에서 실수는 어쩔 수 없이 하게 된다. 그래도 그 실수도 줄일 수 있으면 줄이는 것이 좋다.

특히나 간호사 집단은 말이 잘 나고 잘 도는 집단이다. 그러니 말조심, 행동조심은 필수다. 말조심은 아무리 강조해도 지나치지 않다. 모든 사회생활에서 말을 조심해야 하지만 간호사 사회에서는 더욱 조심해야 한다. 이 사회가 은근히 좁아 한번 소문이 잘못 나면 여러모로 힘들어지기 때문이다.

내가 신규 때의 선배 간호사 B 선생님의 이야기다. 그분이 신규였을 때 친구들과 술을 마시면서 병동 선생님들 욕을 했다고 한다. 그중에서도 자신을 못 살게 구는 선배를 집중적으로 욕했는데, 하필 술자리에 그 선배의 친구가 있었던 것이다. 결국 그 이야기는 선배의 친구를 통해 당사자에게 들어가게 되었다. 그다음은 어떻게 되었는지 상상이 되는가? 결국 B 선생님은 병원을 그만두었다.

병동 선생님들은 우리에게 B 선생님의 사례를 얘기하면서 말조심을 강조했다. 사실 말은 조심해야 하는 게 맞다. 특히 남의 험담을 할 때는 더 조심해야 한다. 그래서 우리 동기들은 병원 근처에서는 병원 이야기를 아예 꺼내지 말자고 했었다. 그러나 어디인들 안전하겠는가. B 선생님은 자신의 동네에서 이야기하다 그렇게 되었는데 말이다.

그렇다고 얄미운 선배 뒷담화도 안 하면 우리 신규들은 스트레스를 어떻게 풀까. 없는 곳에서는 나라님도 욕한다는데 말이다. 그래서 우리는 뒷담화의 규칙을 정하기로 했다. 일단, 병원 근처에서는 되도록 험담은 하지 않기로 했다. 사실 간호사들끼리 만나서 절대 병원 이야기는 하지 말자고 시작해도 결국은 병원 이야기로 돌아오게 된다. 그렇기 때문에 되도록 험담은 자제해야 한다. 특히 선배 간호사의 험담은 안 하는 것이 좋다.

그리고 절대 실명을 거론하면 안 된다. 누구에게나 통용되는 암호를 쓰는 것이 좋다. 그런데 그 암호가 그 사람을 유추할 수 있는 것이면 또 안 된다. 이것도 병원 근처에서는 안 쓰는 것이 좋다. 어쨌거나 병원 근처는 온통 지뢰밭이라고 생각하면 된다. 잘못 밟으면 터진다. 그러니 알아서 몸을 사리는 것이 현명하다.

마지막으로 험담은 하되 인격적으로 모독은 하면 안 된다. 이것은 만약에라도 B 선생님처럼 걸렸을 경우를 대비해서 만든 규칙이다. 험담은 할 수 있지만 그 사람을 인격적으로 아예 깎아 내리는 말은 하지 않기로 했다.

이렇게까지 해야 하나 싶은 생각이 들기도 하지만 나에게 얄밉게 행동하는 그 선배 욕은 하고 싶은데 어쩌겠는가? 그렇다고 본인에게 대놓고 말할 수는 없는 노릇이니 말이다. 용기 있는 누군가 다시는 간호사를 하지 않겠다고 생각한다면 말할 수는 있을 것이다. 하지만 우리 모두 평범한 사람들이니 작은 것에 만족하며 살기로 하자.

간호사로 살다 보면 때론 귀를 닫고 살아야 하는 순간이 온다. 바로 내게 비난이 가해졌을 때다. 때로는 내 실수가 아닌데도 내가 욕을 먹어야 하는 경우가 생긴다. 주치의의 잘못도 환자들은 간호사에게 화풀이를 한다. 그렇다고 그 환자들과 일일이 싸울 수는 없는 노릇이다. 그러니 결국 귀머거리를 자처해야 하는 순간이 생긴다.

가끔 화가 난 보호자들로부터 욕을 듣는 경우도 있다. 대개 간호사의 문제이기보다는 병원의 제도적인 문제이거나 주치의들의 문제인 경우가 많다. 그러나 그들은 항상 간호사에게 비난을 쏟아붓는다.

한번은 수술한 환자의 아버지가 간호사 스테이션 앞에서 노발대발한 경우가 있었다. 환자는 아파 죽겠다고 하는데 진통제를 놔줄 수가 없었다. 그 환자는 주치의의 연구에 참여하기로 동의한 사람이어서 주치의의 허락 없이는 진통제를 놓을 수가 없었다. 환자는 아파하고 주치의는 연락이 되지 않고 내 속이 바짝바짝 타들어가던 그때, 화가 머리끝까지 난 보호자가 내게 삿대질을 하면서 쌍욕을 퍼부었다.

어이없고 화가 나고 서럽기도 한 모든 감정이 뒤섞여 결국 나는 폭발했다. 나는 보호자에게 담당의에게 이미 수차례 연락했고 와서 보겠다고 했으니 기다리시라고 말했다. 물론 말 가려 하라는 충고도 잊지 않았다.

그게 문제였다. 보호자는 이제 내 태도를 가지고 더 노발대발하는 것이었다. 어디 새파랗게 어린 여자애가 눈 똑바로 뜨고 말대꾸하느냐며, 여기에서는 직원교육을 이따위로 시키느냐고 소리를 질렀다. 결국 담당의가 온 것으로 사건은 마무리되었다. 어이없게도 그 보호자는 늦게 온 담당의에게는 불만 한 자락 내비치지 않았다.

만약 내가 그 순간 한 번 더 참았다면 보호자의 비난의 화살이 내게로 올 일은 없었을 것이다. 내가 말대꾸를 했기 때문에 보호자는 옳다구나 하고 내게로 그 화를 옮긴 것이다. 들어도 못 들은 척하라는 이유는 그들을 위한 것이 아니라 나 자신을 위한 것이다. 불이 옮겨 붙듯이 화기 옮겨 붙을 수 있기 때문이다. 자신을 향한 비난이 아니라고 판단된다면 못 들은 척하는 것이 좋다. 정 듣기 힘들다면 그 자리를 피해도 좋다. 안 그래도 바쁜데 욕까지 들어 줄 필요는 없다.

간호사로 산다는 것은 때론 벙어리가 되어야 하고, 때론 귀머거리가 되어야 하고, 때론 장님이 되어야 한다는 뜻이다. 감정노동

자로 살아가는 간호사들은 많은 것들을 가슴에 쌓아 두고 산다. 그래서 그들에게는 작은 일탈이 필요하다.

나는 동기들과의 친목을 많이 다질 것을 추천한다. 내가 신규 간호사 때는 동기들과 자주 모이곤 했다. 병원 근처 카페에 앉아 있으면 동기들이 하나둘씩 모였다. 시작은 2~3명이었는데 어느새 8~10명이 되어 있었다. 각기 다른 부서에서 일하는 동기들은 저마다 힘든 일들, 억울한 일들을 쏟아 냈다. 함께 웃고 울고 화내면서 또 그렇게 힘든 순간들이 지나가는 것이다. 시집살이 같은 병원생활에서 그래도 나와 함께할 내 편이 있다는 것은 그 사실만으로도 큰 위로가 되어 준다.

신규 간호사의
24시간

전심을 다해 보낸 하루는 세상을 발견하는 데 충분하고도 남는 시간이다.

— 제임스 러셀 로웰 —

요즘 관찰예능이 대세로 떠오르고 있다. 대표적인 프로그램이 바로 〈나 혼자 산다〉다. 시청자들은 이 프로그램을 통해 멀게만 느껴졌던 연예인들도 우리네와 똑같은 일상을 보내는 사람이라는 사실을 깨닫게 된다. 그리고 그 연예인에게 친밀감과 동질감을 동시에 느낀다

최근 배우 김사랑 씨 편이 방송되었다. 음소거 방송이라는 평에 걸맞게 그녀의 삶은 꽤 정적이고 조용했다. 만약 신규 간호사의 집에 카메라를 설치한다면 그녀의 하루와 비슷한 모습을 볼수 있을 것이다. 신규 간호사의 24시간은 '잔다 – 병원에 간다 – 잔다'로 귀결된다. 그렇기 때문에 카메라를 설치해도 별로 볼 것이 없을 것이다. 일단 깨어 있는 시간 자체가 매우 적을 테니 말이다.

그러나 신규 간호사의 병원생활을 관찰예능으로 본다면 전혀 다른 모습이 그려질 것이다. 신규 간호사의 하루는 눈을 뜨는 것에서부터 시작된다. 근무가 언제이든 상관없다. 거의 출근에 임박해서 겨우겨우 일어난다. 세상에서 제일 무거운 것이 눈꺼풀이란 말을 실감하면서.

사실 지금까지 살면서 일찍 일어나는 경우는 많지 않았을 것이다. 간호학과의 경우 대부분 시간표가 정해져 나오지만 자신이 강의시간을 짜는 경우 보통 1교시는 비워 둔다. 그 시간에 못 일어나기 때문이다. 인터넷에서도 1교시는 비워 두라는 선배들의 조언이 많다. 무시하고 시간표를 짜면 머지않아 선배들의 조언이 사무칠 때가 온다.

이러저러한 이유로 우리는 아침 일찍 일어나는 것이 익숙하지가 않다. 그런데 갑자기 아침에 일찍 일어나야 한다. 그것도 엄청 일찍 말이다. 하루 이틀은 버틸 수 있지만 그 생활을 오래 지속하는 것은 매우 힘든 일이다. 게다가 업무 내내 신경을 곤두세우고 있기 때문에 집에 오면 긴장이 풀려서 그대로 쓰러지기 일쑤다. 잠깐 눈을 감았다 뜨면 다음 날 아침이 나를 반기는 신기한 현상을 경험하게 된다.

예전에 한 병동의 신규 간호사가 출근을 하지 않은 적이 있었다. 그녀는 혼자 자취하고 있었는데 출근시간에 말없이 나오지 않은 것은 물론이요, 휴대전화도 받지 않는 것이었다. 부서장은 그 간호사의 인적사항을 확인해 지방에 있는 그녀의 부모님께 전화를 했다. 그런데 부모님에게도 연락 온 것이 없다는 것이었다.

사람들은 점점 위험한 상상을 하고 있었다. 최근에 그 간호사가 힘든 일이 있었는지, 병동에 적응은 잘하고 있었는지 되돌아보게 되었다. 한편, 지방에서 딸이 연락이 되지 않는다는 소식을 전해 들은 부모님은 애가 타서 지역 소방서에 신고를 했다. 소방관이 문을 따고 들어갔더니 세상모르게 잠든 신규 간호사가 있었다고 한다.

이 글을 보고 웃는 사람도 있겠지만 실제로 해마다 신규 간호사들이 잠에 취해 출근하지 못하는 경우가 생긴다. 걱정은 되지만 나중에 자느라 출근을 못한 것이 밝혀지면 선배들이 농담처럼 놀리기도 한다. 이때 선배들의 감정은 어이없음과 안타까움, 그리고 무사한 것에 대한 감사함이 더해져 복잡 미묘해진다. 간혹 문을 따고 들어갔는데 신규 간호사가 자신의 집에서 자살한 경우도 있기 때문에 선배들이 괜한 걱정을 하는 게 아니다.

그렇게 눈꺼풀과의 한판 승부에서 간신히 이기고 출근을 한다. 여전히 잠에 취해 있다가도 업무가 시작되면 나를 붙잡고 놓지 않던 졸음은 어디로 갔는지 흔적도 없이 사라진다. 그 대신 내가 해야 하는 일들이 산더미처럼 쌓여서 나를 반긴다. 내 한 몸도 지탱하기 힘든데 내 몸만 한 카트를 끌고 다니려니 있던 기운마저

다 빠질 지경이다. 나중에 익숙해지면 카트를 끌고 잘만 뛰어다니지만 처음에는 세상 무거운 존재가 바로 이 카트다.

내 할 일도 많은데 병동에는 나를 찾는 목소리들이 너무 많다. 여기저기서 신규 간호사를 찾아 댄다. 수술 환자가 내려와도 나를 부르고, 환자 IV라인이 막혀도 나를 부른다. 처방이 변경되어도 나를 부른다.

'작작 불러 대라. 그만 좀 해라!'

이 말이 울컥울컥 올라오지만 입 밖으로 꺼내는 경우는 없다. 그저 속으로만 내가 알고 있는 모든 욕을 퍼부을 뿐이다. 어느 병원은 호출기를 들고 다니기까지 한다고 한다. 내가 그 경우였다면 노이로제에 걸려서 이미 예전에 간호사를 그만뒀을지도 모른다.

간호사 선생님들이 나를 찾는 것도 힘들어 죽겠는데 환자들도 나만 찾는다.

"간호사! 간호사!"

이 부름에 뛰어가야 하는 사람 또한 신규 간호사다. 숨넘어가게 급하게 불러서는 별것 아닌 것들을 시킨다. 물을 떠 달라는 둥, 밥은 언제 나오느냐는 둥 정말 허탈하게 만들 할 때가 많다. 하지만 어쩌겠는가. 억울하면 출세하라고 내가 이 병동 서열 꼴찌인 신규 간호사인 것을 말이다. 분노했다 체념했다 하루에도 몇 번씩 기분이 널뛰고, 내 일도 널뛰는 시간들을 보내다 보면 어느새 퇴근시간이다. 출근하고 나서는 시간이 언제 가나 싶었는데 이리저리 불려 다니다 정신을 차려 보니 다음 번 근무자들이 인계를 받으러 나오고 있다.

이때 만약 내가 할 일을 다 끝내지 못하면 발등에 불이 떨어진다. 간호사는 대부분 자신의 업무는 자신의 근무시간 안에 해결하는 것이 원칙이다. 다음 번 근무자에게 미루는 것은 아주 큰 실례다. 왜냐하면 다음 번 근무자에게도 그 사람이 해야 할 일이 많기 때문이다. 환자들이 여기저기서 불러 댔고, 수술 환자가 많았고 이런 변명은 통하지 않는다. 그래서 자신이 해야 할 일들을 짬짬이 해야 한다.

다음 번 근무자가 출근했는데 내 할 일을 다 끝내지 못했다면 그때부터 초능력이 발휘된다. 평소보다 업무 속도가 두 배 빨라진다. 이유는 단 하나. 선배 간호사들이 퇴근할 때 같이 퇴근해야 하기 때문이다. 사실 시간이 오래 걸려도 자신의 업무를 다 끝내고 가기만 하면 된다면 대부분의 신규 간호사들은 늦게 가는 것을 선택한다. 그런데 문제는 인계가 끝나고 시니어 선생님들이 "가자." 하며 기다린다는 것이다. 그들을 오래 기다리게 해서는 안 된다. 그래서 엄청난 스피드로 자신의 일을 해치운다. 그렇게 다이내믹한 하루를 마감하게 된다.

퇴근길에는 긴장이 풀리면서 근무시간 동안 달아났던 잠이 몰려온다. 그나마 대중교통에서 앉아서 가면 운이 좋은 것이다. 앉는 순간부터 신나게 헤드뱅잉 하며 잠에 빠진다. 때로는 자다가 내려야 할 곳을 놓치는 경우도 허다하다.

앉지 않으면 졸지 않을 것이라고 생각하는가? 서서 조는 간호사를 보지 못해서 하는 말이다. 내 동기는 나이트 근무를 끝내고 집에 가는 전철에서 서서 졸자 앞에 앉은 사람이 자리를 양보하더라고 했다. 앉아서 보려니 불안했던 것 같다며 한참을 웃었다. 나도 그런 적이 있는데 앉은 사람이 불안할 만했다. 저렇게 휘청거리다 내게 덮치듯이 쓰러질 수도 있겠다는 생각이 들면 누구라도 자리를 양보할 것이다.

그렇게 영화 속 좀비처럼 집으로 돌아오면 미약하게 남아 있던 긴장마저 다 사그라진다. 집에 와서도 할 일이 많지만 잠깐 쉬었다 하기로 한다. 누웠던 기억도 없지만 잠깐 누웠던 것 같은데 눈을 뜨면 또 출근해야 할 시간이다. 그렇게 하루가 가고 또 하루가 시작된다.

신규 간호사의 하루는 얼핏 보면 단순해 보이지만 하루하루가 다채롭다. 이 시기가 지나가면 상황이 좀 나아질 것 같지만, 미안하게도 그다음에는 또 다른 과업이 기다리고 있다. 마치 게임에서 레벨 1을 깨고 나면 레벨 2를 깨야 하듯이 하나를 끝내면 또 하나가 더 기다린다. 이 과정의 연속이다. 그래서 늘 피곤하고 힘이 드는 것이다. 그나마 위안이 될 조언을 해 주자면 시간이 지날

수록 버티는 힘도 늘어 간다는 사실이다. 그렇게 간호사로 성장해 나간다.

혹시 지하철이나 버스에서 정신없이 꾸벅꾸벅 조는 젊은 여자를 발견하게 된다면 조용히 응원해 주자. 그녀는 이제 막 병원에 적응하기 시작한 신규 간호사일지도 모른다.

PART 4

사랑받는 후배는 1% 다르다

모르는 것이
당연하다

모르는 것을 묻지 않는 것은 쓸데없는 오만밖에 아무것도 아니다.

- 탈무드 -

"모르는 것이 있으면 지금 물어봐. 지금은 모른다고 해도 되는 시기니까."

나는 늘 신규 간호사 트레이닝 때 이렇게 말하곤 했다. 모르면 모른다고 당당하게 말할 수 있는 시기가 바로 신규 때다. 물론 사람에 따라서는 모른다고 하면 구박을 받을 수도 있다. 그러나 모든 선배 간호사들이 인지하고 있는 것은 신규는 모를 수도 있다는 사실이다.

내가 신규 트레이닝을 받을 때, 나의 프리셉터 선생님도 같은 말씀을 하셨다. 신규는 모르는 것이 당연하니 혼자 넘겨짚으려 하지 말고 꼭 물어보라고 말이다. 그 말씀 한마디가 얼마나 힘이 되었는지 모른다. 사실 질문을 하려 해도 너무 무서운 그 상황에서 프리패스 발언권이 주어진 것이 아닌가? 그때 느꼈던 고마움 때문에 나는 신규 간호사 트레이닝 시 항상 먼저 모르는 것이 있으면 물어보라고 여지를 남겨 준다.

병원에서 신규 간호사는 갓 태어난 아기와 같은 존재다. 아직 어떤 것을 해야 하고 어떤 것을 하지 말아야 하는지 잘 모른다. 이러한 시기에 트레이닝을 받으면서 조금씩 성장하게 된다. 마치 아기가 뒤집고, 기고, 걷는 것처럼 말이다. 그래서 어떤 병원에서는 입사 1주년이 된 신규 간호사에게 돌잔치를 해 주기도 한다.

나는 처음에 모아병동에 발령을 받았다. 모아병동은 출산한 산모들만 있는 병동인데 만약 산모가 원하면 아기와 같이 병실을 이용할 수 있는 곳이다. 그래서 모아병동 간호사들은 신생아를 다루는 법이나 모유 수유하는 법도 산모들에게 교육한다.

내가 처음 발령받았을 때의 나이가 스물다섯 살이었다. 그때 물론 나는 미혼이었고 어린 조카도 없었기에 아이를 돌본 경험도 없었다. 그런 내가 신생아를 다루는 법을 얼마나 알 것이며 모유 수유하는 법을 얼마나 알았겠는가. 그저 시니어 선생님을 보고 흉내 내는 정도였다.

처음에는 아기를 안는 자세도 많이 엉성했다. 생각보다 아기는 너무 작고 연약했다. 내가 조금만 힘을 주면 아기가 부러질 것 같았다. 그래서 나는 엉거주춤한 자세로 아기를 안게 되었고 그것이 불편한 아기는 항상 빽빽 울었다. 그러면 또 다른 간호사 선생님이 들어오셔서 아기를 달래곤 했다.

한번은 산모에게 모유 수유하는 법을 알려 주는데 아기가 도통 엄마의 젖을 빨지를 않는 것이다. 한참을 산모와 둘이서 낑낑대는데 시니어 선생님이 보시더니 아기를 안은 자세를 바꾸고 모유 수유를 다시 시도하게 하셨다. 그랬더니 아기가 기다렸다는 듯이 젖을 빨았다. 자세가 불편해서 아기가 젖을 빨기 힘들었던 것이다. 그것도 모르고 둘이서 얼마나 고생했는지 모른다.

그 과정에서 시니어 선생님들은 나에게 핀잔을 주거나 하신 적이 없었다. 그들이 생각하기에도 모르는 것이 너무나 당연했기 때문이다. 그래서 나는 주눅 들지 않고 차근차근 배울 수 있었다. 직접 실습할 기회가 많지 않았기 때문에 선생님들이 어떻게 아기를 안는지 어느 각도로 젖을 물리는지 면밀히 관찰하며 방법을 습득했다.

어느 한 부부가 아기와 같이 병실을 쓰고 있었다. 아기는 불편한 것이 있는지 계속 울어 댔다. 내가 기저귀도 살펴 주고 속싸개도 다시 싸 주고 안아서 얼러 주니 아기가 울음을 그쳤다. 그때 아기 아빠가 "역시 전문가는 다르네. 우리가 할 때는 계속 울더니 간호사 선생님이 안아 주니까 뚝 그치네."라고 말했다. 그제야 내가 기어 다니는 단계에서 걸음마 단계에 들어섰음을 깨닫게 되었다.

사실 신규 간호사를 트레이닝할 때 가장 답답한 사람은 바로 신규 간호사 본인이다. 물론 프리셉터나 다른 병동의 선배들도 신규 간호사가 답답하겠지만 그 본인은 그야말로 죽을 맛이다. 때로는 그런 자신이 한심해서 울기도 한다.

한 신규 간호사가 트레이닝을 받다 프리셉터 선생님께 혼나고 있었다. 실수를 한 것 같았다. 정확하게 어떤 실수를 했는지는 모르겠지만 내가 모를 정도니 그리 큰 실수는 아니었던 것 같다. 선생님에게 매섭게 혼나고 난 후에 스테이션 구석에서 울고 있는 신규 간호사를 보게 되었다. 나는 혼난 것이 서러워서 우는 줄 알고 신규 간호사를 달래 주려고 했다. 그랬더니 그녀가 혼난 것도 서럽지만 그런 실수를 한 자기 자신이 너무 한심해서 눈물이 난다는 것이었다. 그 얘기를 들으니 내 신규 때가 생각났다.

신규 간호사로서 트레이닝을 받을 때 나는 꽤 의욕에 불타 있었다. 나는 다른 동기들보다 웨이팅 기간이 길었다. 때문에 내가 병동에 발령받았을 때 다른 동기들은 이미 모든 트레이닝을 끝내고 한 명의 간호사로 대우받으며 근무하고 있었다. 나는 그들을 따라잡아야 한다는 생각이 앞섰다.

사람이 마음이 급하면 실수를 더 많이 하게 되듯이 내 트레이닝은 생각처럼 매끄럽지 못했다. 잘하려고 할수록 더 큰 수렁에 빠지는 느낌이었다. 자꾸만 삐걱거리며 실수만 연발하는 나 자신을 볼 때마다 무력감이 나를 덮쳤다. 선배 간호사들에게 나는 그저 실수가 많은 무능한 신규였을 뿐이었다.

나는 프리셉터 선생님은 물론이고 선배들에게도 질문을 거의 하지 않았다. 모르는 것은 집에서 찾아보겠노라고 조용히 메모만 하곤 했다. 그러나 그것들을 집에서 찾아보는 데는 한계가 있었다. 가끔씩은 무엇을 메모했는지 모르는 경우도 생겼다. 그러니 다른 선생님들이 봤을 때 나는 의욕도 없고 배우려는 의지도 없는 신규였던 것이다.

악순환이 반복되던 어느 날 일이 터지고야 말았다. 내 실수에 선생님이 내게 화를 낸 것이다. 그 선생님은 나를 이해할 수 없다면서 그동안의 내 태도를 나열하며 화를 냈다. 나는 눈물이 왈칵 쏟아졌다. 그동안 나름 열심히 한다고 했고 그게 선생님들 눈에도 보였을 것이라고 생각했던 것이다. 그래서 그동안 내게 별다른 말을 하지 않았던 것이라고 말이다. 그러나 그것은 순전히 나의 착각에 불과했다는 사실을 깨닫게 되었다.

그때 나의 프리셉터 선생님께서 내게 말씀하셨다.

"모르는 것이 있으면 물어봐. 지금은 네가 실수해도 이해가 되는 시기야. 지금 이 시기에 많이 실수하고 많이 배워야 나중에 네가 실수하지 않게 되는 거야."

나 혼자 열심히 해 보려고 하는 데는 한계가 있다. 특히 어떤 것이 옳은 것인지 정확하게 모를 때는 잘 아는 사람에게 확실하게 물어보는 것이 현명하다. 잘못된 지식을 그것이 잘못된 줄도 모르고 가지고 있다가는 나중에 더 큰 실수를 하게 된다. 그러니 모를 때는 확실하게 물어보고 가자. 신규 간호사가 질문이 많은 것은 당연하다. 그것을 귀찮아하는 선배 간호사는 없다. 오히려 신규 간호사가 의욕적이라 생각하고 더 신이 나서 알려 주려 할 것이다.

혹시라도 나처럼 뒤에서 혼자 공부하고 연습해서 어느 날 짠 하고 멋진 신규로 선생님들 앞에 서겠다는 욕심을 가지고 있다면 그 욕심을 내려놓아라. 그것은 드라마나 영화에서나 일어나는 일이다. 우리는 현실을 살아야 한다. 모든 단계를 하나씩 밟아서 올라갔을 때 비로소 제대로 된 간호사가 될 수 있다. 그러니 조급함을 버리고 선배들을 의지하기 바란다. 다시 한 번 더 강조하지만 신규 간호사는 모르는 것이 당연하다.

02

질문에도
TPO가 있다

무엇이든 때와 장소를 가리고 그에 맞추어 하면 더 많은 것을 성취할 수 있다.
뿐만 아니라 분주한 사람보다 더 많은 여유를 누릴 수 있다.

– 타이런 에드워즈 –

어떤 일이든지 때와 장소를 가려야 한다. 질문 또한 마찬가지다. 질문하는 것에도 기술이 있다는 것을 많은 사람들은 모른다. 그 기술을 모르는 사람들을 우리는 흔히 눈치가 없다고 표현한다.

질문의 가장 적기는 바로 그 순간이다. 예를 들면 프리셉터가 설명을 해 줄 때 그때 질문하는 것이 가장 좋다. 신규 때는 이렇게 프리셉터가 항상 옆에 붙어 있기 때문에 질문할 수 있는 기회가 많다. 이 시기를 잘 활용해야 한다. 그러나 질문도 알아야 할 수 있는 법. 공부하지 않으면 질문거리도 많지 않기에 이 황금 같은 시기를 놓치는 경우가 많다.

프리셉터 선생님이 트레이닝을 할 때는 말이 끊임없이 이어진다. 간혹 중간중간 끊고 질문 있으면 하라고 하는 선생님도 있지만 그렇지 않은 선생님도 있다. 그렇기 때문에 질문의 타이밍을 잘 잡아야 한다.

질문할 것들을 미리 적어 놓은 다음 나중에 티타임이나 식사 시간에 물어보는 것도 좋다. 미리 적어 놓지 못했다면 전날 배운 것을 정리하면서 질문할 것들을 따로 추리는 것도 방법이다. 혹시 본인이 깜빡하는 실수가 잦은 사람이라면 차라리 그 순간에 질문하는 것이 좋다. 프리셉터 선생님의 말을 잠시 끊고 질문하는 것이 차라리 낫다는 말이다. 그러나 이때는 최대한 공손하고 예의 바르게 접근해야 한다.

혹시 질문하려는 때가 너무 바쁘고 정신없는 상황이라면 질문을 미루는 것이 좋다. 이것은 기본 상식이라고 생각하지만 생각보다 많은 사람들이 이런 실수를 한다. 예를 들어, 보호자가 한바탕 불만을 표출하고 간 후에는 궁금한 것이 있어도 질문을 자제하는 것이 좋다.

그러나 이러한 순간에도 꼭 질문해야 하는 것이 있는데 바로 응급을 요하는 일이다. 급하게 환자에게 처치가 들어갈 때 잘 모르겠으면 질문해야 한다. 선생님이 기분이 좋아 보이지 않는다고 알아서 하겠다고 했다가 잘못되면 더 큰 일이 발생하기 때문이다. 이런 경우는 혼날 것을 무릅쓰고라도 정확한 내용을 확인해야 한다.

그러면 질문은 누구에게 하는 것이 가장 좋을까? 가장 좋은 질문 상대는 바로 자신의 프리셉터 선생님이다. 쉽게 생각하면 프리셉터 선생님은 그 신규 간호사의 전담교사라고 볼 수 있다. 그러니 신규 간호사가 가장 쉽게 질문할 수 있는 대상인 것이다. 게다가 프리셉터 간호사는 트레이닝을 담당하는 만큼 병동의 업무나 질병에 대해서도 잘 안다. 때문에 신규 간호사의 질문에 정확한 답변을 바로 해 줄 수 있다.

만약 프리셉터 선생님에게서 독립한 경우라면 질문의 내용에 따라 대상이 달라질 수 있다. 단순한 업무에 대한 것이라면 바로 위의 선배 간호사에게 묻는 것이 좋다. 시니어 간호사들은 이것저것 신경 쓸 것들이 많다. 때문에 단순한 업무에 대해 질문하면 간혹 짜증을 내는 경우가 있을 수 있다. 그리고 액팅 업무는 사실 같이 액팅을 하는 간호사가 가장 잘 알고 있기도 하다.

그 외에 병에 대한 것들이나 치료에 대한 것들처럼 좀 더 깊이 있는 질문일 경우에는 시니어 선생님에게 묻는 것이 낫다. 물론 업무 시간을 피해서 질문하는 센스는 갖추고 말이다. 깊이 있는 질문을 바로 위 선배 간호사에게 물을 경우 제대로 된 답변을 듣기 어렵다. 왜냐하면 그들도 알기는 하지만 정확하게 설명하는 것이 어렵기 때문이다. 자신이 알고 있는 것을 쉽게 설명하는 것은 어지간한 내공이 있지 않고서는 힘든 일이다. 그러니 나와 경력 차이가 많이 나지 않는 선배 간호사는 나에게 명확하게 설명해 주기가 어렵다. 그러면 서로 답답한 가운데 질문에 대한 답도 찾지 못하게 되는 것이다.

내가 신규 간호사에게서 인계를 받을 때였다. 산모가 혈압이 높아서 전공의가 다음 날 소변검사를 나가자고 했다. 그 이야기를 들으면서 신규 간호사에게 질문했다.

"선생님, 이 레지던트가 왜 산모의 소변검사를 나가자고 했을 까요?"

"아…."

신규 간호사는 잘 모른다고 이야기했고 나는 그 이유를 설명 했다. 그런데 나도 기억이 가물가물한지라 정확하게 설명을 못하 겠는 것이다.

"대충 이런 원리이니까 집에 가서 한번 찾아봐요."

결국 이렇게 대답할 수밖에 없었다. 지금 생각해도 자다가 이 불을 차고 싶을 정도로 창피한 기억이다.

그러면 어떤 내용을 질문하는 것이 좋을까? 신규 간호사 때 가장 고민이 되는 것이 바로 이 부분이다. '이것을 물어봐도 될 까?' 이 걱정은 언제나 질문하려는 마음을 머뭇거리게 만든다.

내가 쉽게 찾아볼 수 있는 것들은 질문하지 않는 것이 좋다. 예를 들면 의학약어 같은 것들은 집에서 약어사전을 찾아보면 바 로 알 수 있다. 그러니 모르는 의학약어가 있으면 메모해 두었 다가 집에 가서 찾아보는 것이 좋다.

때론 그 병원에서만 사용하는 약어들이 있을 수 있다. 우리 병원에서는 어떤 레지던트가 자신만의 약어를 사용했었다. 맨날 지시오더에 자신만 아는 그 약어를 쓰는데 당최 무슨 뜻인지 알 수가 없는 것이다. 온 병동의 선생님들이 다 그 약어를 해석해 보려 했지만 알 수가 없었다. 결국 누군가 용기를 내어 그 레지던트에게 물어보고서야 그 뜻을 알 수 있었다. 이렇듯 사전에 없는 약어는 물어봐야 한다.

그 외에 치료나 처치에 관한 질문은 얼마든지 해도 좋다. 예를 들면 산모의 분만을 진행하기 전에 도뇨관을 사용해 배뇨를 하게 한 후 분만을 진행하는데 왜 이렇게 하는지는 물어봐도 된다. 물론 분만을 원활하게 하기 위해서일 것이라고 대충 짐작은 간다. 하지만 정확하게 알고 싶다면 질문하면 된다.

마지막으로 주의해야 할 점은 환자나 보호자가 있는 곳에서는 질문을 자제하는 것이 좋다는 것이다. 엘리베이터나 간호사 스테이션 같은 오픈된 공간에서는 환자의 질병에 대한 질문은 하지 않는 것이 좋다. 때로는 환자의 질병을 환자 본인이 모르거나 보호자가 모르는 경우가 있다. 이런 경우 간호사들의 대화를 통해 그들이 감추고 싶어 하는 것들이 알려질 수 있다. 그러니 특히 환자의 병에 관한 질문들은 오픈된 공간이 아닌 곳에서 하는 것이 좋다.

앞에서 나는 신규 간호사는 모르는 것이 당연하니 제발 질문하라고 했다. 모르는 것이 당연하고 궁금한 것이 많은 시기가 바로 신규 간호사 시절이다. 이 사실은 누구나 다 알고 있다. 그러나 그 질문도 때와 장소는 가려서 해야 한다.

만약 한 신규 간호사가 질문도 적극적으로 하는 데다, 때와 장소를 가려서 센스 있게 질문한다면 선배 간호사들이 볼 때 얼마나 기특하겠는가? 배우려는 의욕도 있고 눈치도 있는 신규 간호사를 싫어하는 사람은 없다. 자신이 얼마나 사랑받는 신규가 될 수 있는지는 본인이 하기에 달렸다. 가뜩이나 시집살이 같은 신규살이인데 선배들에게 사랑받고 인정받으면서 일한다면 정글 같은 병원생활도 평화롭게 보낼 수 있을 것이다. 어렵지 않다. 그저 약간의 센스만 필요할 뿐이다.

03

스스로에게 부끄럽지 않은
간호사가 되라

용기는 별로 인도하지만 두려움은 죽음으로 인도한다.
– 세네카 –

사람은 누구나 실수를 한다. 완벽하려고 아무리 노력해도 실수할 때가 있다. 그러나 그 실수 이후의 반응은 저마다 다르다. 이 실수에 대한 반응을 어떻게 하느냐에 따라 그 사람의 발전 여부가 판가름 난다.

내가 신규 간호사일 때 투약 실수를 한 적이 있었다. 대상은 전날 점심 때 항생제를 맞고 더 이상 항생제가 들어가지 않는 산모였다. 그런데 다음 날 아침에 내가 약을 돌리면서 그 산모에게 항생제 주사를 놓은 것이다. 약이 잘못 들어간 사실을 알게 된 것은 약을 다 돌리고 항생제가 하나 모자란 것을 발견했을 때였다. 나는 조용히 항생제를 하나 더 믹스해 다른 산모에게 주사했다. 그리고 실수에 대해서는 침묵했다. 사실 그 산모에게 들어간 항생제는 전날까지 맞았던 항생제라 큰 문제는 없을 것이라고 생각했기 때문이다.

문제는 그날 오후에 생겼다. 그 산모가 점심이 지날 무렵부터 열이 나기 시작하는 것이었다. 주치의는 끊었던 항생제를 다시 주자고 했다. 그때가 이브닝 번이 업무를 시작한 후였다. 이브닝 액팅 선생님이 항생제를 주러 산모에게 가자 산모가 물었다.

"저 아침에 항생제 맞았는데 또 맞아야 하나요?"

이브닝 액팅 선생님은 화가 나서 나를 찾았고 나는 옷을 갈아입다 말고 불려 나왔다. 그러고는 진짜 눈물이 쏙 빠지게 혼났다. 이브닝 시니어 선생님도 합세해서 나를 혼냈다. 그들의 말에 의하면 나는 산모를 죽일 뻔한 간호사였다.

물론 그 항생제는 산모가 맞던 것이기 때문에 항생제 과민반응이 일어날 리 없었다. 산모가 열이 나서 항생제를 다시 맞아야 했던 것으로 보면 오히려 예방적으로 잘된 일이라고 할 수도 있었다. 그러나 그것은 내 입장일 뿐이다.

어쨌거나 나는 그 약이 어떤 것이었든지 간에 약이 들어가지 말아야 할 사람에게 약을 주었고, 내가 잘못한 사실을 누구에게도 알리지 않고 숨겼다. 내 잘못은 바로 그것이었던 것이다. 혼날 당시에는 억울한 감이 없잖아 있었지만 뒤돌아 생각해 보면 명백한 나의 잘못이다.

그런가 하면 줘야 하는 약을 주지 않은 경우도 있었다. 내가 항암병동에 있을 때 한 환자의 항암제가 다 들어가서 주사를 제거했다. 환자는 주사를 빼고 퇴원할 예정이었고 나는 전산상으로 환자의 퇴원 정리를 하고 있었다. 전산 정리를 하다가 환자에게 항암 후 맞는 주사가 있음을 알게 되었다.

사실 그 약을 주지 않고 투여했다고 하고 전산 정리를 할 수도 있었다. 그런데 그때 내 머릿속에 신규 때의 투약 실수가 떠올랐다. 만약 이 주사를 맞지 않으면 환자에게 부작용이 생길 수도 있다는 생각이 들자 나는 스스로에게 당당하고 싶었다. 그 환자에게 주사를 주지 않고 퇴원시켜도 별다른 문제가 생기지는 않았을 것이다. 그러나 나 스스로는 그 주사를 빼먹은 사실을 알고 있다. 그러니 환자에게 무슨 일이 생기면 혹시 그것 때문이지 않을까 불안해할지도 모른다. 그래서 약이 든 주사기를 들고 환자에게로 갔다. 그리고 솔직하게 말했다.

"○○○ 님, 제가 아까 약 하나를 덜 드렸어요. 그래서 지금 이 주사를 맞게 되실 겁니다. 그런데 이 주사가 바로 맞으면 좀 아파요. 그래도 이 주사를 맞으시면 항암으로 인한 부작용이 덜하게 되니 맞으셔야 해요. 번거롭게 해 드려서 죄송합니다."

환자는 웃으면서 그러라고 했고 오히려 내게 고마워했다. 많이 아팠을 텐데 아픈 내색도 없어서 더 감사하고 죄송했다. 잠깐 고민은 했지만 나는 나 자신에게 당당할 수 있는 방법을 택했고 그 선택이 옳았음이 증명되었다.

그날 저녁 인계 타임에 나는 웃으면서 나의 실수를 이야기할 수 있었다. 인계를 받은 윗연차 선생님도 잘 좀 확인하지 그랬냐고 하면서도 잘했다며 나를 격려해 주었다. 내가 스스로에게 당당하면 내 실수를 말하는 데도 당당할 수 있다는 사실을 그때 깨달았다.

나는 매일 아침, 저녁으로 나의 반려견과 산책을 나간다. 산책을 하다 보면, 나도 개를 키우는 입장이지만, 눈이 찌푸려지는 견주들이 많다. 특히 자신의 반려견이 배변한 대변을 그대로 두고 가는 경우에 그렇다. 대개 남들이 보지 않을 때 이런 일들이 많이 일어난다.

한번은 어떤 견주가 그냥 가려다가 반대편에서 걸어오는 나를 보고서 주섬주섬 반려견의 대변을 정리하는 것을 보았다. 처음부터 배변 봉투를 챙겨 오지 않았던 그 사람은 주변을 살피더니 광고 전단지에 대변을 쓸어 담아 그대로 쓰레기통에 버렸다. 만약 나를 보지 않았다면 그냥 갔을 것이다.

이렇듯 사람들은 아무도 없는 것을 알면 행동이 과감해지고 자신의 잘못에도 관대해진다. 한밤중에 아무도 없는 횡단보도를 보고 신호를 무시한 채 달리는 자동차도 같은 맥락이다. 보는 사람도 없고 다친 사람도 없으니 이것쯤이야 하는 것이다. 그러나 그것은 엄연히 질서를 어지럽히는 행위다.

다른 누구도 보지 못했고 알지 못하지만 단 한 사람, 나는 알고 있다. 나는 나를 속일 수 없다. 독일에서는 밤중에 횡단보도에 사람이 없어도 신호를 철저하게 지킨다. 그들의 준법정신은 자신에게 떳떳하기 위한 수단 중 하나다.

몇 년 전 유행했던 광고 카피가 있다. "모두가 '예'라고 말할 때 '아니요'라고 말할 수 있는 사람"이라는 카피였다. 그 카피의 의미는 자신의 소신을 지키라는 뜻이다. 때로는 자신의 실수는 아니지만 잘못된 것을 아는데도 침묵하게 되는 경우가 있다. 분명 잘못된 것인데 다수의 의견에 따르느라 나 역시 침묵하게 되는 경우 말이다.

어떠한 경우에도 잘못된 것을 알았을 때 다수가 침묵한다고 나도 침묵해서는 안 된다. 그것이 환자와 관련된 것일 때는 더 그렇다. 때로는 주변에서 침묵을 종용할 때도 있다. 그럴 때도 자신이 당당해질 수 있는 해답을 찾아라. 어떻게 행동하는 것이 옳은 것인지 자신에게 물어보면 답을 알 수 있을 것이다.

남들과 다른 선택을 한다는 것은 그들로부터 비난을 받을 수도 있다는 것을 의미한다. 나 역시 그렇게 도마에 오른 적이 많았다. 혼자 잘났다는 말, 자신만 환자를 생각하느냐는 말, 어지간히 똑똑한 척한다는 말 등 별별 말들을 내 뒤에서 수군거렸다. 그래도 나는 굽히지 않았다. 이들과 같은 길을 걷고 내 마음 한구석에 계속 찜찜함을 남겨 두느니 차라리 뒷담화를 견디겠다고 생각했다. 어차피 내 앞에서는 하지도 못할 이야기들이다. 왜냐하면 그들도 자신들이 잘못된 선택을 한 것을 알기 때문이다. 나를 공격하고 헐뜯는 이유도 자신들의 잘못을 정당화하기 위해서다. 그것을 알기 때문에 나는 그들이 무섭지 않았다.

간호사로 살다 보면 많은 실수를 하게 되고 많은 선택의 순간을 경험하게 된다. 그때 어떤 선택을 할지는 전적으로 본인의 몫이다. 그러나 나는 스스로에게 부끄럽지 않은 선택을 하라고 말해 주고 싶다. 나는 나를 속일 수 없기 때문이다.

04

모르면 모른다고
솔직히 말하라

요행의 유혹에 넘어가지 마라. 요행은 불행의 안내자다.
- 이건희 -

학교에 다닐 때 보면 여러 유형의 선생님들이 있다. 분명 가진 지식은 월등한데도 전달을 못하는 선생님이 있다. 그런가 하면 어려운 것도 쉽게 풀어서 설명해 주는 선생님도 있다. 그리고 그 지식의 얕음이 짐작되는 선생님도 있다.

선행학습과 사교육의 성행으로 요즘 학생들은 예전과는 많이 다른 모습을 보인다. 중학교 1학년 아이가 이미 중학교 3학년 과정을 선행학습하는 것은 이제 당연한 것이 되었다. 이러한 상황은 선생님들에게는 부담으로 다가온다. 아이들의 수준이 높아졌기 때문에 선생님도 공부하고 연구하지 않으면 인정받지 못하기 때문이다.

간호사 또한 마찬가지다. 인터넷의 발달로 환자와 보호자들은 웬만한 수준의 의료지식을 가지고 있다. 그들이 원하는 정보는 이미 본인들이 아는 내용이 아니라 새로운 것이다. 세상에 널려 있는 지식이 아니라 보다 전문적인, 꼭 의료진만이 알려 줄 수 있는 내용을 원한다. 그런 그들에게 어설픈 지식으로 응대했다가는 큰 코다칠 수 있다.

신규 때는 모르는 것이 당연해서 환자들에게 다른 선생님께 물어보고 오겠다는 말이 쉽게 나온다. 그러나 3~4년 차 정도의 연차가 되면 그 말이 차마 나오지 않는다. 왜냐하면 환자와 보호자도 내가 신규가 아님을 알기 때문이다. 그 사람들은 나를 나름 베테랑으로 보고 있으므로 그 기대에 부응해 주고 싶은 욕구가 마구 생긴다.

내가 알고 있는 지식은 2나 3 정도밖에 되지 않는데 환자와 보호자의 기대치는 7이나 8이다. 그렇다면 나는 내 지식을 그럴듯하게 부풀려서 말하는 수밖에 없다. 그러나 그것은 곧 들통이 난다. 왜냐하면 환자나 보호자가 자꾸 질문을 하면 내 지식은 이미 그 질문을 수용할 수 없게 되기 때문이다. 그러면 서둘러 말을 끝내고 그 자리를 벗어나고 싶어진다.

간호사가 되었다고 하면 주변에서 질병에 관한 온갖 질문들을 다 한다. 그리고 그것에 대한 답변을 돌려받기를 기대한다. 사실 간호사라고 해서 모든 질병에 대해 다 알고 있는 것은 아니다. 나만 해도 내가 근무하지 않는 부서의 일은 거의 모른다. 예를 들어 내게 암에 대한 것들, 특히 여성 암에 대한 것들을 물어보면 대답해 줄 수 있다. 그러나 내게 정형외과에 관련된 것들을 묻는다면 나는 그들에게 정확한 정보를 줄 수가 없다. 내가 아는 것 또한 그들과 크게 다르지 않기 때문이다.

내가 신규 간호사일 때 주삿바늘에 찔린 적이 있었다. 환자에게 투여할 때 찔린 것이 아니라 약을 믹스하다가 주사기를 잘못 놓쳐서 손가락을 푹 찔린 것이다. 아픈 것도 아픈 것이지만 손가락이 순식간에 부어올라 너무 무서웠다. 나는 때마침 병동에 들른 친한 레지던트 선생님에게 내 상처를 보여 줬다. 그 선생님은 뼈에는 이상이 없는 것 같다면서도 만약 계속 붓거나 아프면 정형외과 진료를 받아 보라고 했다. 그러나 나는 당장의 확답이 필요했다.

"그러니까 뼈에는 이상이 없다는 거죠? 갑자기 너무 부으니까 무서워서 그래요."

"괜찮을 거예요. 그런데 선생님, 나 산부인과 의사예요. 정형외과는 잘 몰라."

"아, 의사잖아요. 인턴 때 다 돌지 않아요?"

"그거 돈 걸로 이걸 어떻게 다 알아요."

선생님의 말이 정답이었다. 자신이 모르는 것은 모른다고 정확하게 이야기해 주는 것이 좋다. 만약 그때 내 뼈에 이상이 있는 상태였는데 그 선생님이 괜찮다고 했으면 어쩔 뻔했는가? 나는 치료 시기를 놓쳐서 한참 고생했을 것이다.

가끔 환자들이 특이한 것을 물어볼 때가 있다. 얼마 전, 한 환자가 자신이 먹고 있는 건강보조제를 계속 먹어도 되냐고 물었다. 나는 건강보조제는 대체로 먹어도 된다고 말씀드리는 편이다. 그런데 그 환자가 가져온 것은 면역체계를 강화시키는 보조제였다. 그리고 내가 처음 보는 것이었다. 나는 과장님께 여쭤 보겠다고 하고 과장님께 그 보조제를 들고 갔다. 그런데 과장님도 처음 보는 보조제라고 했다. 과장님은 이것저것 찾아본 후에 환자에게 말했다.

"사실 이 약은 저도 처음 보는 약입니다. 그래서 이 약의 효능과 해로움에 대해서 찾아봤는데 근거자료가 미비합니다. 이 약이 여기에 쓰여 있는 효과를 다 나타낼지는 모르겠지만 제 생각에는 환자분의 건강에 악영향을 미칠 것 같지는 않습니다. 그러니 원하시면 드셔도 됩니다."

30년 가까이 의사로 살아온 과장님이 환자에게 잘 모른다고 말하는 것은 결코 쉬운 일은 아니다. 그러나 함부로 된다, 안 된다 단정 짓기보다는 환자에게 정확한 정보를 알려 주는 것이 더 중요하다고 판단한 것이다. 만약 알아보지도 않고 괜찮다고 알려 주었다가 그 약의 부작용으로 인해 환자의 증세가 더 심각해지면 어쩔 것인가. 그러니 정확한 정보를 알려 주는 것은 무엇보다도 중요하다.

나와 친한 동생의 아내가 얼마 전 딸을 낳았다. 하루는 수업을 들으러 가는 도중 동생에게서 전화가 왔다. 아이가 열이 나는데 어떻게 해야 하느냐는 것이었다. 나는 내가 알고 있는 지식을 그에게 알려 주었다. 그러다가 젖병 이야기가 나왔는데 아이가 젖병을 물지 않고 엄마 젖만 찾는다고 했다. 아이에게는 모유 수유가 가장 좋은 형태이기 때문에 크게 걱정하지 않아도 된다고 알려 주었다. 동생은 고맙다며 전화를 끊었다.

전화를 끊고 나니 내가 정확한 정보를 알려 주었는지 갑자기 자신이 없어졌다. 때마침 그 수업에 모유 수유 전문가도 함께해서 그분께 동생의 사례를 전해 주었다. 그분은 아이가 왜 젖병을 빨지 않는지 이유를 알려 주시며 어떻게 해야 하는지 해결책도 제시해 주셨다. 그리고 모유 수유가 아이에게 가장 좋은 형태가 맞다는 답변도 주셨다. 나는 동생에게 그분이 알려 주신 내용을 전달했다.

그분은 모유 수유가 아이에게 가장 좋은 형태이지만 아이가 계속 젖병을 거부한다면 엄마가 너무 힘들 테니 아이에게 젖병을 물리는 연습을 해야 한다고 하셨다. 만약 내가 동생에게 알려 준 것에서 그쳤다면 동생의 아내는 아이에게 매인 생활을 해야 했을 것이다. 모유 수유가 가장 좋은 것이라고 스스로를 위로하면서 말이다.

사실 나는 그분을 그날 처음 뵈었다. 그래도 용기를 내어 질문할 수밖에 없었다. 그 동생은 내가 간호사이기 때문에 나에게 상담을 해 온 것이다. 내가 모아병동, 분만실에서 근무했던 간호사이기 때문에 그 동생은 나의 말을 전적으로 신뢰하고 있었다. 그렇기 때문에 나는 더욱 정확한 정보를 알려 줘야 할 의무와 책임이 있었다.

몇 번을 강조해도 지나치지 않지만 우리는 사람의 생명을 다루는 일이 직업인 사람들이다. 내 말 한마디가 환자에게 어떤 영향을 미칠지 반드시 생각해야 한다. 그렇기 때문에 정확한 정보를 제공하는 것이 매우 중요하다. 아는 것은 안다고, 모르는 것은 모른다고 솔직하게 말하자. 알고 있는 것과 아는 척하는 것은 엄연히 다르다.

05

병동 내
롤모델을 선정하라

목적과 그에 따른 계획이 없다면 목적지 없이 항해하는 배와 같다.

– 피츠휴 닷슨 –

"선생님의 삶의 멘토는 누구이고, 일할 때의 멘토는 누구인가요?"

분만실 엠티에서 이런 질문을 받은 적이 있었다. 그때 나는 일할 때의 멘토는 나보다 연차가 어린 간호사들이라고 답했다. 그들의 실수와 시행착오를 보면서 나 자신의 현재와 과거를 돌아볼 수 있기 때문이다. 그러나 나중에 그 질문을 다시 곰곰이 생각해 보니 내 멘토는 나의 프리셉터 선생님이었다.

프리셉터 선생님은 내 간호사 생활 전반에 큰 영향을 주신 분이다. 그리고 당시 아무도 맡으려 하지 않았던 골치 아픈 신규를 맡아 주신, 내게는 은인과도 같은 분이다. 처음에 그분이 나를 맡기로 하셨다며 내게 하신 말씀이 있다.

"내가 보니까 너는 나랑 성격이 많이 비슷해. 그렇기 때문에 너를 어떻게 대해야 할지 알 수 있을 것 같아. 그래서 내가 너를 맡기로 한 거야. 나는 너를 엄하게 교육시킬 거야. 그렇지만 네가 잘 따라와 준다면 나는 너를 끝까지 책임질 거야."

그 선생님은 정말 그 말을 지켰다. 신규 때 그분에게 트레이닝을 받을 수 있었던 것은 커다란 행운이었다. 만약 그때 그분에게 트레이닝을 받지 않았다면 나의 병원생활은 훨씬 더 힘들었을 것이다.

선생님은 자신의 일을 완벽히 하는 분이었다. 신규 트레이닝을 할 때도 하나씩 차근히 알려 주셨고, 트레이닝 후에도 모르는 것을 질문하면 언제든지 답해 주셨다. 당시 나의 눈에 선생님은 태산처럼 보였다. 내가 가장 최고로 꼽는 그분의 장점은 당당함이었다.

하루는 선생님이 환자 IV라인을 잡으러 병실로 들어간 적이 있었다. 잠시 후 밖으로 나온 선생님이 나에게 그 환자 라인 좀 잡아 달라고 하는 것이 아닌가? 연차가 높은 선생님도 안 되는 것을 이제 트레이닝이 끝난 신규가 어떻게 할 수 있단 말인가. 나는 거절했다.

"선생님, 선생님이 못 하신 것을 제가 어떻게 해요. 저 못 해요."

"산모 라인 안 나빠. 그냥 나랑 안 맞는 것 같아서 그래. 해 봐, 괜찮아. 할 수 있어."

결국 울며 겨자 먹기로 들어가기로 했다. 그런데 나의 예상을 뒤엎고 IV라인을 잡는 데 성공했다. 너무 좋아서 거의 뛰듯이 나온 나에게 선생님은 함께 기뻐하며 말씀하셨다.

"거봐, 할 수 있다니까. 네가 나보다 연차가 어리다고 해도 저산모랑 너랑 맞으면 나보다는 네가 성공할 확률이 더 높을 수 있어. 그건 연차랑 상관없는 거야."

나는 선생님의 말씀을 듣고 생각했다. 보통 자신의 연차가 높으면 아래 연차에게, 그것도 까마득히 어린 신규에게 자신이 하지 못한 일을 시키지는 않는다. 그것은 신규의 능력을 의심해서이기도 하고 자존심 때문이기도 하다. '그래도 내가 연차가 높은데…'라는 생각에 선뜻 행동하지 못하는 것이다.

그런데 선생님은 그것을 한 것이다. 그 이면에는 나를 믿어 주는 마음도 있었을 것이다. 또한 고작 그것 하나 때문에 자신의 능력이 폄하되지 않는다는 강한 확신에서 그렇게 하신 것이라 생각한다. 지금 생각해 보면 나의 프리셉터 선생님은 자존감이 높은 분이었고, 자신의 일과 경력에 대한 자부심도 큰 분이었던 것 같다.

나는 선생님께 많은 것을 배웠다. 그분을 닮고 싶었고 그런 간호사가 되고 싶었다. 그렇게 나도 모르는 사이에 선생님을 내 롤모델로 삼았던 것 같다. 내가 연차가 올라 다른 신규 간호사들을 트레이닝할 때면 항상 선생님이 생각났다. 그때 내가 배운 것들을 떠올리면서 그대로 가르치기 위해 노력했다.

글을 쓰기 시작하면서 내게 롤모델이 한 명 더 생겼는데, 바로 〈한국 책쓰기 성공학 코칭 협회(이하 한책협)〉의 김태광 대표 코치다. 처음에 막연히 책을 쓰고 성공하고 싶어 〈한책협〉을 찾아간

나에게 김태광 대표 코치는 작가 너머의 길이 있다는 것을 알려 주었다. 그리고 〈책 쓰기 과정〉을 들을 때부터 지금까지 내가 힘들거나 조언이 필요할 때 항상 도움을 주셨다. 김태광 대표 코치는 내게 은인과 같은 분이다. 그분이 아니었다면 아마 이 책도 세상에 나오지 못했을 것이다. 그분은 늘 내가 잘되는 것이 본인의 기쁨이고 자랑이라고 말씀하신다. 나는 그분에게서 멘토가 가져야 하는 마음가짐에 대해서 배울 수 있었다.

핑클 출신의 가수 이효리는 H.O.T의 팬이었고 그로 인해 가수의 꿈을 키우게 되었다. 카라의 한승연은 god의 팬이었다. 이 밖에 자신이 좋아하는 가수를 직접 만나겠다는 일념 하나만으로 가수를 꿈꾸고 그 꿈을 이룬 가수들도 많다. 그들은 자신의 롤모델을 따라 그 길을 걷게 된 가장 대표적인 사례다.

가장 바람직한 자녀교육은 부모가 자녀에게 모범적인 모습을 보여 주는 것이라는 말이 있다. 사람들은 자신이 좋아하는 사람을 무의식적으로든 의식적으로든 따라 하며 배우기 때문이다. 부모님이 책을 읽는 모습을 자녀들에게 자주 보여 주면 자녀들은 따로 말하지 않아도 자연스럽게 책을 가까이하게 된다. 만약 부모님이 매일 싸우는 가정이라면 아이의 폭력성도 높게 나타난다고 한다. 보고 배우는 것이다.

롤모델은 내가 되고 싶은 모습을 이미 가지고 있는 사람을 말하기도 한다. 그래서 롤모델을 정할 때는 다른 사람의 평가보다는 자신의 기준이 더 중요하다. 그렇다고 롤모델이 꼭 한 명일 필요는 없다. 여러 명에게서 좋은 점을 배우는 것도 좋은 방법 중 하나다.

나는 대부분의 업무 처리 방법이나 기술, 후배 간호사를 대하는 법을 나의 프리셉터 선생님께 배웠다. 그분이 일하는 방식이나 내게 강조했던 것들을 그대로 따라 하려고 노력했다. 그러나 다른 부분은 다른 선생님의 방식을 배웠다.

나는 환자나 보호자들에게 질문형 말투를 잘 쓰는데 그것은 친하게 지내는 B 선생님의 말투를 따라 한 것이다. 그 선생님은 환자에게 말할 때 "~하시겠어요?"나 혹은 "~해도 괜찮을까요?"라고 질문형 말투를 자주 사용했다. 예를 들면 환자의 치료 대기시간이 길어질 것 같으면 환자에게 "지금 치료가 밀려서 20분 정도 기다려야 하는데 괜찮으시겠어요?"라고 묻는 것이다.

또한 환자를 배려하는 방법은 늘 친절 간호사로 거론되는 E 선생님께 배웠다. 그분은 항상 친절 간호사에 이름이 올랐다. 물론 E 선생님은 유쾌하고 따뜻한 사람이었지만 얼핏 보기에 그분이 특별히 더 잘하는 것은 없어 보였다. 그렇게 관찰하고 있는데 한 동기가 그 선생님이 늘 친절 간호사에 오르는 이유를 알았다고 했다.

그분이 라운딩을 하는데 한 환자가 자신의 혈액형을 알고 싶다고 했다는 것이다. 그 환자는 내일 피검사를 할 때 혈액형 검사도 같이 하게 되어 있어서 다음 날이면 자신의 혈액형을 알 수 있었다. 그런데 그 선생님은 수혈할 때 쓰는 혈액형 확인 시약을 들고 와서 그 자리에서 환자에게 혈액형을 확인시켜 주었다고 했다. 그 이야기를 듣고 그 선생님이 친절 간호사로 거론되는 이유를 알 것 같았다. 그냥 넘어가기 쉬운 사소한 것을 그분은 그냥 넘기지 않았던 것이다. 그때 진짜 배려하는 것이 어떤 것인지 깨달았다. 그래서 나도 그런 사소한 것들을 놓치지 않으려고 한다.

나는 일하는 것, 환자를 응대하는 법, 환자를 배려하는 법 등의 롤모델을 각기 다르게 선정했고 그들을 따라 했다. 그리고 그것들을 나의 것으로 만들었다. 롤모델을 선정하는 것은 내비게이션을 보며 운전하는 것과 같다. 내가 어디로 가야 할지 정확한 방향을 제시해 주는 존재가 바로 롤모델인 것이다. 자신이 일하는 곳에서 누구를 롤모델로 정하면 좋을지 생각해 보자. 그리고 닮고 싶었던 그들의 모습을 그대로 따라 해서 내 것으로 만들어야 한다. 그러면 어느 순간 그들과 같은 방식으로 일하고 같은 말투로 응대하는 자신을 볼 수 있게 될 것이다.

롤모델에게서 긍정적인 영향을 받는 것과 동시에 전문가의 조언까지 얻는다면 금상첨화다. 나의 휴대전화 010.8898.6176으로 연락한다면 당신에게 필요한 나의 노하우를 최선을 다해 알려 줄 것이다.

06

매일 업무일기를 작성하라

결함을 찾지 말고 개선할 방법을 찾아라.

- 헨리 포드 -

돌아서면 잊어버리고, 자고 나면 잊어버리는 신규 시절에는 혼나기도 참 많이 혼난다. 어제 프리셉터 선생님이 열심히 설명해 주었고, 나도 열심히 들었는데 다음 날 질문을 받으면 드문드문 생각날 뿐이다. 나도 그랬었고, 다른 신규들도 그랬다.

나는 어렸을 때부터 암기력에는 자신이 있었다. 그래서 딱히 메모하는 습관이 없었다. 그냥 외우면 되는데 무엇 하러 힘들게 적나 싶었다. 그런 습관은 대학교뿐만 아니라 사회에 나와서도 이어졌다. 사실 메모하지 않는 습관 때문에 오해를 받은 적도 많았다.

실습 때의 일이다. 간호사 선생님은 열심히 설명하고 있었고, 나는 열심히 듣고 있었다. 나와 같이 실습을 도는 동기들은 간호사 선생님의 말을 열심히 받아 적고 있었다. 그때 선생님이 설명하다 말고 나에게 학생은 왜 적지 않느냐고 물었다. 딱히 뭐라 답해야 할지 몰랐던 나는 죄송하다고 하고 그제야 수첩을 꺼내 적는 시늉을 했다. 그때도 거의 키워드만 적었던 기억이 난다.

그렇게 학부생활까지 어찌어찌 보냈는데, 사회는 또 달랐다. 하루에도 엄청난 양의 정보를 머리에 집어 넣어야 했다. 메모를 하지 않고서는 도저히 감당하지 못할 지경이었다. 분명 학교에서 전반적인 간호에 대해서 다 배운다. 그러나 학교에서 배우는 것과 현장에서 사용하는 것에는 엄청난 차이가 있었다. 물론 내가 학교에 다닐 때 대충 배운 탓도 컸을 것이다.

분명 어제 다 들은 내용인데 들었다는 사실만 기억날 뿐, 그 외에는 기억이 나지 않았다. 정확하게 말하자면 기억나지 않았다기보다 이것저것이 섞여서 매칭이 되질 않았다. 머릿속은 온갖 정보와 지식들로 포화상태였고, 그것들은 자유롭게 머릿속을 떠다니고 있었다. 선배 간호사가 질문할 때 그 떠다니는 지식들 중 하나를 낚아채서 대답해야 했다. 그것은 거의 뽑기 수준이었다. 복불복, 말 그대로 운에 맡겨야만 했다.

혼나기도 참 많이 혼났고, 욕도 엄청 먹었다. 무엇보다도 속상했던 것은 내가 그리도 자신만만해했던 나의 기억력이 만능이 아니라는 사실이었다. 자존감은 낮아졌고 반복되는 실수와 그에 따른 질책은 나를 더 위축되게 만들었다.

뭔가 돌파구가 필요했다. 그러다가 그날 배운 것을 그날 정리하자는 데까지 생각이 미치게 되었다. 이른바 업무일지를 쓰자고 생각한 것이다. 배우면서 메모를 할 때 급하게 쓰느라 글씨가 거의 해독해야 하는 수준인 것들이 많았다. 그것들도 하나씩 들쳐 보면서 확인해 나갔다. 일지를 쓰느라 그날 배운 것들을 정리하게 되니 그 내용이 머릿속에 확실히 자리 잡혔다.

그다음부터는 일이 훨씬 수월해졌다. 가끔씩 일지를 쓰는 것을 빼먹는 날도 있었다. 그럴 때는 최대한 빠른 시일 안에 내용을 정리했다. 사람의 기억력이 믿을 만한 것이 못 된다는 것을 이미 잘 알고 있었기 때문이다.

그렇게 정리한 일지들에서 중요한 것들, 자주 사용하는 것들을 따로 정리해서 커닝 페이퍼처럼 들고 다녔다. 처음에는 하루에도 몇 번씩 그 커닝 페이퍼를 꺼내 보며 일했다. 그러다가 시간이 지나면서 가끔씩 생각이 나지 않거나 헷갈릴 때만 그 커닝 페이퍼를 보곤 했다.

물론 병원에서 신규 간호사들에게 대략적인 지침이 담긴 포켓북을 나눠 준다. 그러나 일일이 그것을 찾아보는 것도 쉽지 않았다. 처음에는 그 포켓북에 보충 설명을 적어 가며 일하곤 했었는데 나중에는 그 내용도 일지로 정리하게 되었다. 포켓북을 이리저리 찾아볼 시간이 없으니 한 번에 알아볼 수 있게 정리한 것이다. 그것이 일하는 데 많은 도움이 되었다.

그날 배운 것을 정리하는 것에 익숙해진 나는 그 옆에 내가 실수한 것들을 적기 시작했다. 내가 실수한 것, 선생님에게 지적받은 것, 자주 놓치는 것들을 적었다. 그것들을 살펴보니 내가 자주 하는 실수에 대해서 알 수 있었다. 그렇게 업무일지는 업무일기가 되었다.

학교에 다닐 때 노트 필기를 한 경험이 다들 있을 것이다. 어떤 사람은 그냥 필기만 쭉 하고, 어떤 사람은 그림까지 곁들여서 필기를 한다. 정답은 없다. 자신이 배운 내용을 정리하기에 알맞은 형태면 되는 것이다. 나는 업무일지를 쓰면서 학창 시절의 추억에 젖곤 했다.

나는 내가 좋아하는 과목이면 예쁜 노트에 글씨도 또박또박 적으면서 필기를 했었다. 선생님이 알려 주시는 내용은 까만색 펜으로 썼다. 그리고 몰랐던 부분을 알게 되었거나 추가하고 싶은 것들은 유색볼펜으로 그 옆에 적었다. 그렇게 필기한 노트를 보면 얼마나 뿌듯한지 몰랐다. 애정이 담긴 것이라서 더 그랬던 것 같다.

업무일기를 쓸 때 이 방법을 적용했다. 트레이닝 때 배웠던 것들은 크게 검정색 펜으로 쓰고, 내가 따로 공부한 것들을 주변에 다른 색 펜으로 썼다. 그렇게 배운 내용에다 내가 따로 공부한 것들을 접목하니 재미가 붙었다. 학교에 다닐 때도 흥미 없었던 간호학이 재미있어졌다.

업무일기를 쓰는 가장 기본적인 목적은 그날 배운 것을 잊지 않고 정리하는 데 있다. 그리고 자신의 업무를 되돌아보고 반성하고 고치는 데 그 목적이 있다. 그 외에 부수적인 것도 있다. 정리하는 과정에서 스스로 찾아 배우고 익히면서 병동 업무에 흥미를 느끼게 되는 것이다. 흥미가 생기면 더 알아보고 싶은 욕구가 생기고 그 욕구를 채우다 보면 나도 모르는 새에 업무에 애정이 생긴다. 그러면 힘든 병원생활을 버틸 수 있는 힘이 하나 더 생기게 되는 것이다.

그러나 처음부터 이런 단계까지 가지는 않을 것이다. 처음에는 그냥 그날 배운 것을 잊어버리지 않을 목적으로만 업무일기를 써도 좋다. 그렇게 쓰다 보면 자연스럽게 그날 나의 하루를 돌아보게 된다. 내가 잘했던 것, 잘못했던 것들을 생각하며 그 옆에 내용을 적으면 그것만으로도 충분하다.

거기에서 더 나아가 자신이 따로 공부하고 배운 것들을 옆에 적을 수 있다. 1년쯤 지나면 업무일기는 어느새 한 권의 책이 되어 있을 것이다. 그 책은 나의 업무 족보가 된다. 나는 일하다가 모르는 것이나 막히는 것이 있으면 업무일기를 찾아본다. 그리고 일하다가 새롭게 알게 된 사실이 있으면 그곳에 추가로 적어 넣는다. 그렇게 때때로 업그레이드도 시켜 준다.

초등학교에 입학하면 아이들은 일기를 쓰는 법을 먼저 배운다. 선생님들은 아이들에게 일기쓰기를 숙제로 내주면서 매일 일기를 쓰는 습관을 들여 준다. 일기를 쓰면서 자신의 하루를 돌아보도록 하기 위해서다. 내 하루를 되돌아보며 그날 있었던 일들, 좋은 일, 나쁜 일, 실수한 일 등을 생각하게 하고 그 일들로부터 스스로 깨달음을 얻을 수 있게 하려는 것이다.

업무일기 또한 마찬가지다. 그날 내가 배운 것, 있었던 일, 실수했던 일, 칭찬받았던 일 등을 정리하는 행위를 통해 깨달음을 얻을 수 있다. 이 깨달음을 밑거름 삼아서 오늘보다 더 나은 내일의 나를 만들어 나가는 것이다.

07

신규가 사랑받는
세 가지 필살기

할 수 있는 행동은 자신이 가진 한도 내에서,
자신이 있는 그 자리에서 행하라.
- 시어도어 루스벨트 -

"열 손가락 깨물어 안 아픈 손가락 없다."라는 속담이 있다. 부
모에게 자식은 다 똑같이 소중하고 어여쁘다는 말이다. 그러나 우
리는 안 아픈 손가락은 없어도 더 아픈 손가락이 있다는 사실을
알고 있다. 부모 자식 간에도 더 예쁜 자식이 있는데 사회에서 만
나는 관계에서 더 예쁜 사람이 왜 없겠는가?

누구나 타인에게 사랑받고 싶어 한다. 그것은 인간이 가진 기
본적인 욕구다. 가정에서는 부모님의 사랑을 더 많이 받고 싶어
하고, 학교에서는 선생님의 총애를 받고 싶어 한다. 그리고 사회에
서도 사랑받는 후배, 믿음직한 직원이 되고 싶어 한다. 그러나 그
러한 마음만으로는 사랑받을 수가 없다. 그럼 사랑받는 신규가 되
는 방법에는 어떤 것이 있을까?

첫째, To do list를 작성하라.

간호사의 업무량은 정말 엄청나다. 그래서 자신이 할 일을 적어 놓지 않으면 놓치기 쉽다. 리스트는 보통 인계를 받을 때 작성하게 된다. 메모지를 활용해도 좋고 다른 방법을 써도 괜찮다. 자신이 잊어버리지 않고 놓치지 않으면 된다. 물론 리스트를 작성해도 빼먹는 부분이 있다. 그렇지만 리스트를 정리했을 때와 하지 않았을 때 놓치는 건수는 크게 차이가 난다.

나도 처음에는 메모지에 적어서 주머니에 넣고 다녔었다. 그러나 일을 해 본 사람들은 알 것이다. 그 주머니에 손을 넣게 되는 경우는 거의 없다는 것을 말이다. 그래서 나는 메모지에 내가 해야 할 일을 적어서 카트에 붙였다. 카트는 하루에도 몇 번씩 끌고 다니기 때문에 오가며 볼 수 있다. 처음에는 카트 바닥에 붙였는데 수액이나 다른 트레이에 가려서 잘 보이지 않았다. 그래서 바닥에도 붙이고 수액걸이에도 붙이고 여기저기에 다 붙였다.

리스트의 내용을 수행했을 때 줄을 그어 지우는 재미도 쏠쏠했다. 물론 줄이 다 그어지는 경우는 그렇게 많지 않다. 대체로 1~2개 정도는 하지 못한다. 병원에서는 갑자기 생기는 일들이 많기 때문이다. 그렇기 때문에 꼭 해야 하는 것들은 중요 표시를 해서 우선적으로 처리할 수 있도록 하는 것이 좋다. 가끔 리스트를 다 수행한 날은 혼자 그렇게 뿌듯할 수가 없었다.

둘째, 프리셉터에게 감사함을 표현하라.

프리셉터는 신규 간호사에게 붙여진 개인교사와 같다. 프리셉터는 대부분 자신의 일을 처리하면서 신규 간호사를 트레이닝 시킨다. 그렇기 때문에 체력적, 정신적 소모가 크다. 그러나 대부분의 신규 간호사들은 자신이 힘든 것에 집중하느라 프리셉터가 얼마나 힘든지는 간과하게 된다.

나 또한 내가 힘든 것만 생각했지, 나를 트레이닝 시키는 프리셉터 선생님이 얼마나 힘들지는 생각하지 못했다. 그러나 시간이 흘러 내가 신규 간호사를 트레이닝 시키다 보니 나의 프리셉터 선생님이 얼마나 힘들었을지 깨닫게 되었다.

몇 년 전 프리셉터 선생님이 분만 휴가를 마치고 병동에 복귀했다는 소식을 들었다. 그길로 복귀 축하 인사를 하러 커피를 한 아름 사 들고 선생님을 찾아갔다. 인사를 하러 온 나를 선생님은 무척 반갑게 맞아 주셨다.

"어머, 세실아. 그런데 빈손으로 왔니?"

"에이, 선생님. 제가 설마 그랬겠어요? 당연히 커피 사 들고 왔죠."

그러자 지나가던 다른 선생님께서 나를 칭찬하셨다.

"어머, 센스 있는 것 좀 봐. 선생님 사회생활 잘하겠다."

"그럼요. 제가 누구한테 트레이닝 받았는데요."

"누가 트레이닝 시켜 줬는데?"

"○○○ 선생님이요."

나는 자랑스럽게 나의 프리셉터 선생님 이름을 댔고 우리는 한참을 깔깔대며 웃었다. 조금 늦었지만 그렇게 나의 감사함을 표현했다. 기뻐하는 선생님의 모습을 보니 나도 행복해졌다.

내가 한 명의 간호사로 일할 수 있게 될 때까지 많은 사람들의 도움이 있었다. 그들의 희생에 감사한 마음을 갖고 그것을 표현해 보자. 아마도 그들은 더 많은 것들을 도와주게 될 것이다.

셋째, 일찍 출근하라.

대부분의 신규 간호사는 일찍 출근할 수밖에 없다. 해야 할 일이 너무 많기 때문이다. 그런데 어느 정도 일이 손에 익으면 일을 처리하는 데 드는 시간이 줄어들게 된다. 이때가 중요하다. 처음에는 일찍 출근했던 신규 간호사의 출근이 점점 늦어지는 경우가 있다. 어떤 때엔 인계시간에 근접해서 아슬아슬하게 도착하는 경우도 생긴다. 물론 사람인지라 늦을 수는 있다. 그런데 어쩌다 일이 있어서 늦은 것이 아니라 스스로 출근시간을 점점 늦추는 것이라는 판단이 들면 선배 간호사들의 시선이 곱지 않아진다.

되도록 일찍 출근해서 부지런한 인상을 심어 줘라. 특히 본인이 생각하기에 일을 잘하는 것도 아니고 성격이 살갑지도 않다고 느낀다면 더욱 일찍 출근하는 것이 좋다. 그래야 성실한 이미지라도 심어 줄 수 있다.

내가 이런 경우였다. 나는 센스가 있지도 않았고 일을 빠릿빠

릿하게 하지도 못했다. 게다가 낯가림이 심해서 친하지 않은 사람에게 살갑게 굴지도 못했다. 그래서 그냥 성실하게 일하는 것 외에는 방법이 없었다. 일찍 가서 미리미리 다 준비하고 시간이 남으면 그전 듀티의 일도 도왔다. 다른 선생님들이 좀 천천히 출근해도 된다고 할 때까지 그렇게 했다. 그래서 그나마 욕을 덜 먹었던 것 같다.

신규 간호사로 생활한다는 것은 맨몸으로 호랑이 굴에 들어가는 것과 같다. 무기 하나 없이 호랑이 굴에서 무사히 빠져나오려면 나만의 전략이 있어야 한다. 내가 알려 준 방법들은 하나같이 기본적인 것이다. 어떤 사람은 '이건 그냥 기본이잖아. 이게 무슨 비법이야'라고 생각할 수도 있다.

그런데 이 기본을 잘 모르는 사람들이 너무나 많다. 입장을 바꿔서 생각해 보자. 신규 간호사가 새로 들어왔는데 성실하고 일도 열심히 하고 감사함을 표현할 줄 안다면 그 간호사를 끝까지 안 좋아할 사람이 얼마나 되겠는가? 내가 아무것도 하지 않아도 나를 사랑해 줄 사람은 부모님뿐이다. 그러니 내가 더 사랑받고 인정받고 싶다면 노력해야 한다. 그리고 그 노력이 타인에게 전해져야 한다.

끊임없이 배우려는
의지를 가져라

인생은 변화하고 성장은 선택 사항이다. 현명하게 선택해야 한다.

- 카렌 카이저 클락 -

이야기를 할 때 누군가 내 이야기를 귀 기울여 듣는다면 나는 더 흥이 나서 말하게 된다. 반대로 내 이야기에 시큰둥한 반응이면 서둘러 말을 끝내려고 한다. 대부분 이러한 경험을 한 적이 있을 것이다. 타인에게 지식을 전달한다는 것은 이야기를 하는 것과 같다. 그래서 상대의 반응에 따라 내 감정 또한 달라진다.

해마다 병원에는 많은 간호과 학생들이 실습을 나온다. 많은 실습 학생들은 삼삼오오 모여서 자기들끼리 이야기를 나누곤 한다. 모르는 내용도 서로 묻고 답하는 경우가 많다. 바로 앞에 간호사가 있음에도 그들은 그 간호사에게 물어볼 엄두를 내지 못한다.

내가 병동에서 일할 때였다. 그때도 간호학과 학생들이 실습을 나와서 스테이션에 설치된 컴퓨터로 이것저것 보고 있었다. 나도 그 컴퓨터를 써야 했기에 학생 간호사에게 잠시만 비켜 달라고 말하고 전산 작업을 했다. 그런데 옆에서 학생 간호사가 어정쩡하게 서성거렸다.

"뭐, 궁금한 거 있어요?"

작업을 하면서 학생 간호사에게 질문을 던지면 반응은 두 가지다. 아니라고 말하며 그 자리를 피하거나 쭈뼛대면서도 다가와서 질문을 하는 것이다. 사실 그들이 어떤 것을 모르는지는 대충 짐작이 가지만 그래도 다가와서 직접 묻기 전에는 알려 주지 않았다. 한 학생 간호사가 용기 있게 질문을 한다. 자신이 배정받은 케이스 환자가 있는데 간호 진단을 내리기가 어렵다는 것이다. 나는 그 환자의 전산 기록을 보면서 대략적인 설명을 해 주었다. 그 학생 간호사는 신대륙을 발견한 표정으로 나를 쳐다보았고, 나는 괜스레 뿌듯해졌다. 그 모습을 보고 있던 다른 학생 간호사도 슬금슬금 다가왔다.

"선생님, 저도 잘 모르겠는데요."

순간 웃음이 나왔다. 저들이 얼마나 답답한지 알기 때문이다. 물어보고는 싶은데 간호사 선생님들은 다들 너무 바쁘니 질문할 때를 찾지 못하는 것이다. 그러다가 한 간호사가 궁금한 것이 있느냐고 물어보는데 선뜻 질문하기가 또 어렵다. 그러던 차에 동기 하나가 총대를 메었으니 그야말로 고마운 상황이다.

사실 바쁘지만 않으면 대부분의 간호사 선생님들은 학생 간호사가 물어보는 것들에 성심성의껏 대답해 준다. 자신들도 다 그 시기를 지나왔기 때문에 조금이라도 도와주고 싶은 마음이 크다. 게다가 눈을 빛내면서 질문하는 그들을 보면 내가 아는 전부를 알려 주고 싶을 정도다.

학생 간호사에게도 이런데 내 식구인 신규 간호사에게는 얼마나 많은 것들을 전해 주고 싶겠는가? 내가 처음 액팅 트레이닝을 시키는 입장이 되었을 때, 나는 기본 간호학부터 성인 간호학까지 다시 공부했었다. 내가 트레이닝을 시키는 이 신규 간호사가 온전한 몫을 해내는 데 내가 도움이 되길 바랐다. 그래서 정확한 지식을 알려 주려고 교과서를 다시 훑어본 것이다.

트레이닝을 하면서 따로 자리를 마련해 힘든 것은 없는지 궁금한 것은 없는지 물어보기도 했다. 혹시라도 병동에서 말 못할 내용이면 밖에서는 할까 싶어서 말이다. 그러나 그렇게 해도 내게 질문하는 사람들은 정해져 있었다.

모르는 상태에서는 질문할 수가 없다. 나는 학교에 다닐 때도 병원에서 트레이닝을 받을 때도 질문이 없었다. 아는 것이 없어서 어떤 것을 질문해야 하는지도 몰랐다. 그러나 선생님들도, 프리셉터도 내가 질문하지 않으면 그 내용을 알고 있다고 생각하고 넘어간다. 사실 하나도 모르는데 말이다. 그렇게 되면 결국 나만 손해를 보게 되는 것이다.

"선생님, 저 궁금한 것이 있는데요."

얼마 전, 세탁물을 버리기 위해 병동을 지나가던 중 한 간호사가 나에게 질문을 해 왔다. 내가 병동에 있을 때 같이 일하던 후배 간호사였다.

그녀의 질문은 방사선 치료에 관한 내용이었다. 그녀는 방사선 치료가 어떤 과정으로 진행되며 어느 기간만큼 하는지, 질병에 따라 어떻게 다른지 등을 물어보았다. 질문에 대답해 주며 알고 있는 내용이지 않았냐고 물었다. 그 병동에서 방사선 치료에 대한 콘퍼런스를 진행했던 적이 있었는데 그때 그녀도 있었다. 그 기억이 나 물어보니 너무 오래되어 기억이 가물가물하다는 것이다.

그녀는 아이를 낳고 육아휴직을 갖고 복직한 지 얼마 되지 않았다고 말했다. 그러면서 그전에 알았던 것들도 이제는 잘 모르겠다며 한숨을 쉬었다. 환자나 후배 간호사한테 설명을 해 줘야 하는데 자신도 모르는 것이 너무 많다며 말이다. 그녀는 8년 차쯤 되는 중간 이상급 간호사였다. 그런데도 자신이 알고자 하는 것을 대할 때는 거침이 없었다.

생각해 보니 그녀는 신규 간호사였을 때도 그랬다. 욕심이 많은 것이 눈에 보였다. 이때의 욕심은 나쁜 의미가 아닌 좋은 의미의 욕심이다. 그녀는 배우려는 의지도 강했고, 늘 부지런했다. 단연 눈에 띌 수밖에 없었다. 그래서 그 당시 그녀는 선배 간호사들의 사랑을 독차지하다시피 했다.

질문에 대한 답을 해 준 다음 돌아서면서 후배 간호사에게 또 모르는 것이 있으면 언제라도 물어보라고 말했다. 그러고는 웃으면서 연차도 쌓였는데 너무 열심히 하지 말라고 농담도 던졌다. 그녀와 헤어지면서 나는 그녀가 신규 간호사였을 때 왜 그렇게 사랑을 받았는지 알 것 같았다. 그날 그녀는 내게 너무 기특한 후배 간호사였기 때문이다.

경력이 어느 정도 쌓이면 자신이 몸담고 분야에 대해서는 대부분 알게 된다. 그러면 자신이 가진 지식만으로도 일하는 데는 크게 지장이 없다. 그러나 그렇게 되면 그 사람은 더 이상 발전하지를 못한다. 특히 의료계는 매뉴얼이 바뀌는 경우도 있어서 꾸준히 자신의 지식을 업그레이드해야 한다. 그래서 매년 보수교육을 실시하고 의무로 듣게 하는 것이다.

자신이 배워야 할 것들에 게을러지면 그 사람은 전문성을 잃게 된다. 비록 간호사 면허는 가지고 있지만 환자보다 아는 것이 더 없는 사람이 되고 만다. 환자와 보호자는 그런 사람을 신뢰하지 않는다. 그리고 그런 사람을 전문가로 여기지도 않는다. 전문성을 계속 유지하기 위해서라도 우리는 끊임없이 배워야 한다.

가끔씩 환자 때문에 병동에 전화하면 조심스럽게 질문을 하는 간호사들이 있다. 대체로 신규이거나 이제 막 신규에서 벗어난 간호사들이다. 방사선 치료에 대해서 자신들이 아는 것이 없기 때문에 내가 전화하면 이때다 싶어서 질문하는 것이다. 질문을 많이 한다는 것은 배우려는 의지를 나타내는 것이다. 배우려는 의지를 나타낸다는 것은 이 직업에 대해 진지한 태도를 갖고 있다는 뜻이다. 자신의 일에 진지하게 임하는 사람을 싫어하는 사람은 없다. 그 일이 내가 하는 일과 같은 일이라면 더욱더 말이다.

PART 5

당신도 간호사가
될 수 있다

나는 간호를 통해
인생을 배웠다

날마다 오늘이 마지막 날이라고 생각하라.
날마다 오늘이 첫날이라고 생각하라.
- 탈무드 -

　대학시절 나의 별명은 '여왕님'이었다. '천상천하 유아독존', '무한 이기주의' 이것들은 나를 수식하는 단어였다. 겸손함은 약에 쓰려고 해도 찾아볼 수 없었고 까칠함은 사포 수준이었다. 어떤 사람은 그 까칠함으로 돌도 갈 수 있을 것이라고 놀리기도 했다. 이런 내가 간호사가 되었다. 내가 지닌 성격과 직업이 요구하는 성격은 너무나도 달랐고 그로 인해 많은 마찰이 있었다.

　모난 돌이 이리저리 구르면서 깎이고 다듬어지듯이 내 성격도 시간이 흐르면서 많이 다듬어졌다. 간호사라는 직업은 그런 것 같다. 같은 간호사들끼리의 태움 문화가 아니더라도 그 일을 하다 보면 사람이 저절로 겸손해진다. 생명의 장엄함 앞에서 그 어떤 인간도 교만해질 수는 없을 것이다.

내가 제일 처음 죽음을 접한 것은 분만실에서였다. 당시 임신 28주인 산모가 병원으로 왔다. 아기의 심장소리가 들리지 않는다는 것이다. 태동이 없어서 동네 산부인과를 갔고 심장소리가 들리지 않음을 알았다고 한다. 그길로 우리 병원으로 온 산모는 주치의에게 아기가 유산되었다는 사실을 최종 통보받았다.

임신 28주면 유산된 아기를 분만하는 것과 똑같이 낳게 된다. 그러나 분만 때처럼 호르몬이 분비되고 몸이 준비가 되는 것이 아니라서 약물로 호르몬을 유도하고 기구로 몸을 억지로 열게 된다.

아기와 만날 날만 손꼽아 기다렸던 산모는 유산의 충격에 분만의 고통까지 겪어야 했다. 다행히 분만은 순조롭게 끝났다. 아기는 잠을 자고 있는 것 같았다. 그리고 참 예뻤다. 아기 아빠가 아기를 볼 수 있느냐고 물어 왔다. 아기를 보여주자 한참 동안 아기를 보고 있던 아기 아빠가 한마디 했다.

"참 크네요."

자을 것이라고 생각했는데, 그래서 어차피 그때 분만했어도 아이를 살릴 수 없을 것이라 생각했는데 막상 만나 본 아기는 생각보다 컸던 것이다. 만약 지금 아기가 살아서 분만을 한 것이더라도 살릴 수 있을 만큼…. 아기의 몸무게는 700g이 조금 넘었다. 내가 분만을 경험한 신생아 중 가장 작은 아기가 650g이었으니까 아마 온전히 태어났다면 살았을 것이다.

울고 있는 산모를 위로하며 든든하게 산모의 곁을 지켜 주었던 아기 아빠는 유산된 아기 앞에서 그렇게 무너져 내렸다. 아내를 생각해서 참았던 눈물을 흘리면서 그는 아기와 이별하고 있었다. 그러고는 다시 든든한 남편의 모습으로 산모의 곁으로 갔다. 아기에 대해 묻는 산모에게 자신이 대신 인사 잘 했다며, 참 예쁜 아기였다며 우는 산모를 달랬다.

그 모습이 아직도 잊히지 않는다. 그리고 지금도 그때를 생각하면 가슴이 먹먹하다. 나는 그 일로 발달된 의료기술로도 이미 놓쳐 버린 생명은 다시 되돌릴 수 없다는 사실을 깨닫게 되었다.

지금 그 부부는 어떻게 지내는지 궁금할 때가 있다. 예쁜 아기와 함께 좋은 기억들을 많이 쌓으면서 살았으면 좋겠다. 아팠던 만큼 그들에게 온 행복이 더 소중할 것이다. 그 소중한 행복이 쭉 그들과 함께하기를 바라는 마음이다.

그런가 하면 내가 경험한 가장 강렬한 생(生)은 항암병동에서 겪었다. Y 씨는 난소암 말기 환자였다. 수술을 하러 들어갔는데 암이 온 장기에 다 퍼져서 손도 쓰지 못하고 그대로 수술실을 나왔다고 한다. 그때 그녀는 6개월 시한부를 선고받았다. 길어야 그해를 넘기지 못할 것이라고 했다.

그러나 그녀는 그해를 보란 듯이 넘기고, 그다음 해를 살아가고 있었다. 방사선 치료로 인해 그녀의 몸은 극적인 호전을 보였다. 그녀에게는 자신이 살 수 있을 것이라는 희망이 생겼다. 그리고 모든 치료에 적극적으로 임했다.

나는 그녀를 보면서 사람의 의지가 얼마나 강한지 알게 되었다. 사람의 의지는 의료기술의 한계를 뛰어넘었고, 생사에도 영향을 미쳤다. 그녀는 계속 전이되는 암으로 인해 집에 있는 시간보다 병원에 있는 시간이 더 많았다. 하지만 한 번도 자신이 죽을 것이라고는 생각하지 않는다고 했다. 그렇게 그녀는 여러 번의 항암치료를 거쳤고, 여러 번의 고비를 이겨 냈다.

길어야 6개월 살 것이라던 그녀는 그 후로 2년을 더 살았다. 그러나 그녀의 의지에도 암은 끈질기게 그녀를 잡고 놓지 않았다. 마지막 순간이 오기 며칠 전, 그녀는 간호사들에게 짜증을 많이 내서 미안하다고 말했다고 한다. 굳게 생명의 끈을 잡고 있던 그녀는 이제 그 끈을 놓아야 할 때가 왔음을 안 것 같았다. 그날로부터 2일 후 Y 씨는 긴 투병생활을 마치고 안식에 들었다.

그녀가 보여 준 생에 대한 의지는 나에게 강렬한 인상을 남겼다. 자신의 생과 사를 뒤집을 정도로 강한 의지, 집념…. 그녀는 이미 암과의 전쟁에서 승리한 사람이었다. 그리고 누구보다도 강렬하게 자신과 자신의 인생을 사랑한 사람이었다. 그 후로 나는 다른 암 환자들에게 말한다. 살고자 하는 의지가 강하다면 암도 이겨 낼 수 있을 것이라고. 내가 그렇게 살았던 분을 안다고 말이다.

그 후로 많은 삶과 죽음이 나를 스쳐 갔다. 내가 직접 목격한 죽음도 있었고, 건네 들은 죽음도 있었다. 그런 날에는 성당에서 그들을 위해 하느님께 기도한다. 그들의 마지막이 고통스러운 것이 아니었기를, 힘들었던 기억은 잊고 아픔 없는 곳에서 편안히 쉴 수 있기를 바라면서.

가끔씩은 그런 생각이 들었다. 저 하늘이 나를 단련시키려고 간호사로 만들었나 싶은 생각 말이다. 왜 하필 간호사였냐고 물었던 내게 삶과 죽음을 가장 가까이에서 접할 수 있는 사람이기 때문이라는 답을 들려주려 했는지도 모른다.

생명이 탄생하는 그 순간을 기억한다. 많은 사람들의 염원과 기도 속에서 힘들게 세상 밖으로 나와 첫울음을 내지르던 그 수많은 생명들을 기억한다. 언제나 탄생은 경이로웠고 감격스러웠으며 찬란했다. 이 아이들이 사랑받으며 잘 자라기를, 그리고 이들이 클 때는 더 좋은 세상이 되기를 기도했었다.

그리고 차마 빛을 보지 못하고 그대로 스러져야 했던 작은 생명들도 기억한다. 마지막 가는 길에 최대한 곱게 보내려 했던, 한명, 한 명 마지막 인사를 건넸던 그 작은 아기들을 기억한다. 그들의 부모도 가슴 아프고 서러워서 외면할 수밖에 없었던 마지막 순간에 외롭지 않고 춥지 않게 함께해 주고 싶었다.

이생에서의 마지막 숨을 쉬었던 분들을 기억한다. 가족들의 사랑 안에서 편안하게 눈을 감으셨던 분들, 아파하며 삶을 놓아 버린 분들, 차마 놓고 갈 수밖에 없는 그 안타까움의 눈물까지 모두 기억하고 있다. 그것이 내가 그들에게 해 줄 수 있는 마지막 배려이기 때문에 나는 그들을 모두 내 기억에 묻었다.

나는 그들과 함께 그들의 최고의 순간과 마지막 순간을 함께했다. 간호사는 의사보다도 더 가까운 곳에서 생명의 장엄함을 온몸으로 느낄 수 있는 직업이다. 내가 간호사가 된 이유는 아마 이것이었을 것이다. 사람을 진심으로 사랑하도록, 생명을 진정으로 존중하도록 하느님께서 나를 간호사로 만드신 것 같다. 간호사로 사는 10년 동안 나는 겸손함을 배웠고, 사랑을 배웠으며 인생을 배웠다.

차가운 머리와
뜨거운 가슴으로 승부하라

모든 사람은 모든 사람에게서 도움이 필요하다.
– 베르톨트 브레히트 –

"선생님, 저 치료 잘 받고 관리 잘하면 완치될 수 있지요?"

"암이라는 건 완치된다고 말할 수 없습니다. 치료를 잘 받고
관리를 잘하면 재발이나 전이의 위험을 줄일 수는 있습니다. 그러
나 그럼에도 불구하고 재발, 전이되는 경우도 있습니다. 환자분과
저희가 할 일은 이 경우의 수를 줄이는 것입니다. 힘든 시간이 되
겠지만 저희가 최선을 다해서 도와드릴 테니 환자분도 포기하지
않으셨으면 합니다. 그 어떤 치료법보다 강한 것은 살고자 하는
사람의 의지입니다."

위의 이야기는 실제로 내가 환자들에게 하는 말이다. 너무 냉
정하다고 생각하는가? 나는 암 환자를 자주 만나는 사람이다. 항

암병동에서부터 지금 있는 방사선종양학과에 이르기까지 많은 암 환자를 만나 왔지만, 여태 누구에게도 암의 완치를 선언한 적이 없다.

나는 암 투병 후 10년, 20년이 지나 재발 또는 전이되어 온 환자들을 본 적이 있다. 그들도 예전에는 자신에게서 암이 완전히 없어졌다고 믿었을 것이다. 이처럼 암뿐만 아니라 모든 병은 복불복이다. 그렇기 때문에 섣불리 단정 지어서는 안 된다.

환자들이 치료를 잘 받으면 완치될 수 있냐고 물을 때, "그럼요." 이 한마디만 하면 나는 그 상황에서 벗어날 수 있다. 그런데도 굳이 장황하게 설명하는 것은 자신의 병에 대해 환자 스스로가 정확하게 인지하고 있어야 한다는 내 나름의 소신 때문이다.

예를 들어, 한 유방암 환자가 발병 후 수술, 항암, 방사선 치료까지 모두 마쳤다. 그 후 5년이 지나 완치 판정을 받았다고 치자. 그런데 5년이 지나고 다른 쪽 유방에 암이 생겼다면 그 환자는 다시 치료를 받을 생각이 들겠는가? 분명 치료를 잘 받으면 완치가 된다고 했는데 전이가 된 이 상황을 환자가 받아들일 수 있을까?

간호사는 환자의 현재 상황뿐만 아니라 장기적으로도 도움을 줄 수 있어야 한다. 그래서 정확하고 냉정한 상황 판단은 간호사가 가져야 할 필수 항목이다. 그러나 그것만 있어서는 또 안 된다. 우리는 환자의 병뿐만 아니라 그들의 심리상태도 헤아려야 하기 때문이다. 환자에게 공감하는 능력도 보유하고 있어야 하는 것이다.

몇 해 전, 친구의 어머니가 갑상선암에 걸리셨다. 그때만 해도 갑상선암은 5년 생존율이 98%에 달했다. 건강검진으로 조기 발견이 많아지면서 초기에 수술하면 사는 데 아무런 지장이 없는 암이라는 인식이 있었다. 한동안 갑상선암 수술이 많았었는데 그게 바로 이 무렵이었다.

친구는 나에게 어머니의 암이 어떤 것이냐고 물어봤다. 나는 내가 아는 그대로를 알려 주었다. 내 이야기도 듣고 인터넷도 찾아본 그녀는 자신의 엄마의 병이 생각만큼 심각하지 않다는 것을 알게 되었다. 그래서 그녀는 당장 내일이라도 죽을 것같이 행동하는 엄마를 이해할 수 없었다.

"세실아, 네가 분명 갑상선암은 수술하고 치료 잘 하면 문제없다고 하지 않았어?"

"그랬지."

"그런데 왜 우리 엄마는 본인이 숙으면 어떻게 하라는 이야기를 자꾸 하시는 거야? 갑상선암 그거 별거 아니라고 자꾸 얘기해도 엄마는 안 믿으셔."

"입장을 바꿔 놓고 생각해 봐. 네가 암에 걸렸는데 그냥 수술하고 치료받으면 낫는 거래. 그런 이야기를 들으면 너는 '아, 별거 아니구나' 이런 생각이 들겠어? 심각한 암, 간단한 암 그런 건 지금 어머니한테 아무 의미 없어. 어머니가 알고 있는 것은 본인이 암에 걸렸다는 사실이야. 그리고 어떤 암인가와 상관없이 암은 그 하나만으로도 무서운 거야."

내 이야기를 들은 친구는 그제야 고개를 끄덕이며 이해했다. 타인의 시선에선 별것 아닌 것도 당사자의 입장에서는 하늘이 무너지는 일이 될 수도 있다는 것을 말이다.

환자에게 정확한 현실을 알려 주는 것은 중요하다. 하지만 그것보다 더 중요한 것은 환자가 그 이야기를 수용할 수 있도록 도와주는 것이다. 내 기준에서 생각하기보다 환자의 입장에서 생각해야 한다. 그렇기 때문에 간호사의 공감능력은 매우 중요하다.

유방암 초기의 한 여성 환자가 있었다. 단아하고 지적인 그녀는 한 번도 큰 소리를 낸 적이 없었고, 대기시간에는 늘 책을 읽었다. 때론 치료가 밀려 한참을 기다려야 할 때도 그녀는 웃으면서 괜찮다고 말하곤 했다. 사실 간호사 입장에서는 참 고맙고 좋은 환자였다. 그녀는 늘 씩씩하게 치료를 받곤 했다. 힘들지 않느냐는 물음에도 이 정도쯤은 견딜 만하다고 대답했다.

그러던 어느 날이었다. 치료를 끝내고 집으로 돌아간 그 환자가 전화를 걸어 왔다. 그녀는 불안한 목소리로 자신이 읽던 책을 화장실에 두고 온 것 같다며 찾아봐 달라고 했다. 가 보니 화장실 선반에 책이 있었다. 책을 찾았다고 말하자 그녀는 안도의 한숨을 쉬면서 울먹이기 시작했다.

"선생님, 제가 요새 정신을 어디다 두고 사는지 모르겠어요. 제가 한 번도 이런 적이 없는데 요새는 이게 꿈인지 생시인지 구분도 잘 안 가요. 내가, 내가 아닌 것 같아요."

급기야 그녀는 감정에 복받쳐 울기 시작했다. 그러면서도 스스로를 달래려 애썼다. 나는 '올 것이 왔구나'라고 생각했다. 암을 진단받으면 사람들이 겪는 과정들이 있다. 처음에는 부정하다가 그 다음에는 분노하다가 좌절하다가 인정하게 되는 것이다. 그녀에게는 이 일련의 과정들이 없었다. 대부분 자존심이 강한 환자들에게 이런 경우가 많다. 그들에게는 많이 배웠다는 공통점도 있다.

암에 걸렸다고 울고불고하는 것을 그들의 자존심이 용납하지 않는 것이다. 그래서 의연하게 수술을 받고 치료를 한다. 그러나 그것들은 참는 것이지 없어지는 것이 아니다. 그러다 어느 순간, 생각지도 못한 때에 불쑥 튀어나오는 것이다. 나는 그녀에게 말했다.

"우리 처음에 암 진단 받을 때 화 안 내셨죠? 안 울었죠? 지금 이렇게 우시는 건 그때 못 울어서 그래요. 암에 걸렸단 소리 들었을 때 무섭고 슬펐을 텐데, 왜 내게 이런 일이 생기냐는 원망도 들었을 텐데 그거 다 참았잖아요. 사실은 안 괜찮은데 계속 괜찮은 척 자신을 속여 왔잖아요. 몸에서 그만하라고 신호를 보내는 거예요. 괜찮아요. 우세요. 그것도 실컷 우세요. 그래야 내 안에 쌓인 것들이 나갈 수 있어요."

그 이후 환자와 나는 좀 더 가까워질 수 있었다. 그녀는 그때 내가 그렇게 말해 준 것이 너무나 고마웠다고 한다. 내가 말하기 전까지는 자신이 힘든 줄도 몰랐다고, 덕분에 다시 기운을 낼 수 있었다고 했다.

나는 환자에게 독설을 하는 간호사다. 은근슬쩍 꾀를 부리거나 치료를 안 하려는 환자들에게 가차 없이 사실을 직시하는 말을 내뱉는다. 간호사는 환자에게 끌려가서는 안 된다. 중심을 지키고 환자를 위한 일이 어떤 것인지 확실하게 알고 행동해야 한다. 그래서 사고는 냉철하게, 판단은 정확하게 해야 한다.

그러나 나는 누구보다 환자들에게 공감하는 간호사이기도 하다. 환자와 공감하기 위해 되도록 환자의 입장에서 생각하려고 노력한다. 나는 매일 보는 환자들의 표정이 어떻게 달라지는지, 어떤 말들을 하는지 주의 깊게 관찰한다. 이러한 내 관찰이 환자와의 공감에 밑바탕이 된다.

내가 처음부터 환자들이 어떤 심정인지 알았겠는가? 아니다, 나 또한 환자들을 관찰하고 그들과의 면담을 통해서 얻은 기술이다. 면담을 통해 환자들이 어떤 심리상태를 지니고 있는지 파악하고 내가 그 입장이면 어떻게 할지 생각해 본다. 그것들을 다시 환자에게 말한다. 이것이 나의 공감 방법이다.

간호사는 이성과 감성이 동시에 요구되는 직업이다. 하나만 있어도 안 되고, 하나만 넘쳐도 안 된다. 그 둘이 조화를 잘 이룰 때 우리는 좋은 간호사, 훌륭한 간호사가 될 수 있다. 이 균형을 잘 잡는 것도 간호사에게 요구되는 능력이다.

딱 3개월만
버텨라

가장 긴 날도 조만간 끝이 온다.
- 플리니 2세 -

나는 10년의 병원생활 동안 충 다섯 번의 부서 이동을 겪었다. 그중 네 번이 5년 차 이전에 있었다. 원체 낯가림이 심한 성격이라 새로운 환경에 대한 불안감이 남들보다 더 심한 편이었다. 그런 나에게 잦은 부서 이동은 견디기 힘든 고역이었다.

나는 온실 속 화초처럼 자랐다. 낯선 환경에 대한 스트레스도 심한 편이었고, 눈치도 없어서 앞담화, 뒷담화에 자주 올랐다. 게다가 스트레스를 받으면 몸이 아팠다. 어느 정도였냐면 심하게 스트레스를 받았을 때 음식을 소화시키지 못해 일주일 동안 우유와 미음만 먹었을 정도였다. 그랬기 때문에 초반에는 늘 아팠던 기억이 난다. 그런 내가 어떻게 10년을 버텼냐고 묻는다면 온실 속 화초로 자랐을지언정 성질머리는 독했기 때문이라고 말할 수 있겠다.

처음에 병동에 발령받았을 때는 그야말로 '멘붕'이었다. 일도 손에 익지 않고 외워야 할 것들은 산더미같이 쌓여 있었다. 곱게 말해도 잘 알아들을 것 같은데 빈정거리는 말투는 기본이었다. 내 앞에서는 물론이고 뒤에서도 사람들이 내 이야기를 하는 것이 들렸다. 성질 같아서는 다 뒤집어엎고 싶었지만 꾹 참았다. 그리고 나 스스로에게 3개월의 시간을 주기로 했다.

왜 하필 3개월이었냐면 내가 병동에 발령받기 전 처치간호사로 일할 때 적응하기까지 3개월이 걸렸기 때문이다. 만약 3개월이 지나고도 내게 아무런 진척이 없으면 이 길이 내 길이 아니라 생각하고 쿨하게 사표를 내리라 결심했다. 그러고는 이를 악물고 일했다. 그렇게 3개월쯤이 되자 거짓말처럼 일이 손에 익기 시작했다. 그리고 4개월쯤 되자 뒷담화에서 내 이름이 오르내리는 횟수가 줄었다. 그렇게 나는 병동의 한 일원으로 적응할 수 있게 되었다.

그때부터 내게 3개월이라는 기준이 생겼다. 어디서든 3개월은 버텨 보자고 결심했다. 내가 항암병동으로 발령받았을 때도, 방사선종양학과로 발령받았을 때도 3개월을 버티니 그다음부터는 조금씩 수월해졌다. 다른 신규 간호사들을 봤을 때도 대체로 3개월이면 적응했다. 일 못하는 내가 3개월 걸렸으면 다른 사람들은 그보다는 적게 걸린다는 소리다.

내가 신규 간호사 때 했던 말이 있다.

"캔디는 제정신이 아닌 애다. 세상에 외로워도 슬퍼도 웃는 애가 어떻게 제정신이냐?"

얼마 전 출간된 《빨강머리N 난 이래 넌 어때?》의 작가 최현정도 책에서 캔디에 대해 다뤘다. 그런데 캔디를 바라보는 시선이 나와 같았다. 그것을 보니 나만 그렇게 생각한 것이 아니었구나 싶어서 괜스레 동질감을 느꼈다.

내가 모아병동에서 분만실로 전배를 갈 때 모아병동 선생님들이 내게 써 주신 롤링페이퍼가 있다. 거기에 "괴로워도 슬퍼도 울지 않던, 캔디 같았던 세실 쌤"이라는 문구가 있었다. 모아병동에서 같이 근무하던 간호조무사의 글이었는데 그녀에게 나는 캔디 같은 사람이었다고 한다. 맨날 혼나고 눈물, 콧물 쏙 빼다가도 다시 추스르고 오뚝이처럼 일어나는 모습에서 캔디가 생각났다고 말이다.

은연중에 나 스스로도 그렇게 생각했었던 것 같다. 그러니 캔디가 제정신이 아니라는 말이 나올 수 있었던 것이리라 생각한다. 그렇게 나도 캔디처럼 울며 주저앉기보다는 다시 일어나서 도전하는 것을 선택했다. 그렇게 지내다 보니 시간이 훌쩍 지나가 있었다.

나는 새로운 환경에 잘 적응하는 성격이 아니다. 낯가림도 심하고 낯선 환경에서 스스로 너무 어색해한다. 잦은 전배는 나에게 늘 엄청난 스트레스였다. 다시 또 새롭게 적응해야 하는 현실이 너무 버거웠다. 그래도 3개월만 버텨 보자고 생각했다. 시도도 해 보지 않고 도망가는 사람은 되고 싶지 않았다.

어떤 단체, 어떤 그룹에 가도 텃세는 존재한다. 그 사람들은 그 럴 의도가 없더라도 받아들이는 사람이 텃세로 받아들이는 경우 도 많다. 그때 당시에는 잘 몰랐는데 지금 되돌아보면 '텃세였구 나' 하고 생각되는 일들도 있다.

새로운 곳에 적응하는 나도 힘들지만 자신들의 무리에 새로운 사람을 들이는 그들도 힘이 든다. 우리 몸도 새로운 물질을 접하 게 되면 일단 거부부터 하지 않는가? 사람들도 그와 마찬가지다. 그 사람들에게도 새로운 사람을 들일 시간이 필요한 것이다. 그걸 우리는 흔히 텃세라고 표현한다.

그리고 그 텃세를 벗어나기 전 꼭 한 번의 부닥침이 있다. 내가 처음 발령받은 모아병동에서도 그랬고, 분만실에서도 그랬다. 분 만실에서는 동기들과 문제가 있었다. 분만실에는 간호사가 총 40 명이 있었는데 그중 11명이 내 동기였다. 분만실은 특수부서이기 때문에 연차에 상관없이 들어온 순서대로 서열이 매겨졌다. 그러 니까 제일 마지막에 분만실에 들어간 내가 막내였던 것이다.

나는 내 동기들을 동기라고 생각했지만 그들은 나를 아래 연 차라고 생각했다. 이 간극이 갈등을 만들었다. 거기에 질 나쁜 이 간질까지 더해져 제법 친하다고 생각한 동기와도 갈등의 골이 깊 어졌다.

그러던 어느 날 이브닝 근무를 끝내고 동기들끼리 맥주 한잔 하자며 모이게 되었다. 술이 들어가고 분위기가 달아오를 때쯤 친하다 생각했던 동기가 그동안의 나의 문제점을 이야기하기 시작했다. 나 또한 쌓인 것이 많았기 때문에 서로 언쟁은 계속되었다. 점점 소리가 커지고 급기야 욕설이 오가는 상황이 되었다. 일촉즉발의 그 상황을 잠재운 것은 동기가 외친 한마디였다.

"우리가 너를 얼마나 신경 썼는데 너는 그것도 모르고 우리 욕만 하고 다녔잖아!"

그 말을 들은 나는 뭔가 잘못되었음을 직감했다. 흥분이 순식간에 식었다. 나는 사실관계를 묻기 시작했다. 자초지종을 알아본 결과 오해가 생겼던 것이다. 물론 중간에 말을 잘못 전달한 사람도 있었다. 그러나 나는 그녀가 일부러 그랬을 것이라 생각하지는 않는다. 그 일이 있고 나서 나는 비로소 동기들에게 한 식구로 인정받을 수 있었다.

같은 사물을 보더라도 어느 방향에서 보느냐에 따라 각각 다르게 보게 된다. 텃세도 내가 이 집단에 속하기 위한 통과의례라고 생각하면 마음이 한결 편해질 것이다. 내가 미워서, 내가 뭔가를 너무 잘못해서 그러는 것이 아니라는 것만 기억하면 된다. 그들도 시간이 필요할 뿐이다.

만약 당신이 그다지 큰 잘못을 하지 않았는데 과하게 혼난다는 생각이 드는 순간이 온다면 기뻐해라. 그들이 당신을 받아들일 마지막 관문을 통과하고 있다는 뜻이기 때문이다. 마지막 갈등이 폭발하고 나면 당신과 그들은 한 집단의 구성원으로서 함께하게 될 것이다.

새로운 집단의 텃세는 대체로 그 사람이 한 명의 몫을 해냄과 동시에 사라진다. 그래서 3개월만 버텨 보라고 말하는 것이다. 일이 내 손에 익을 때까지의 시간, 그 시간을 견뎌 내야만 동료로 인정받게 된다. 어렵다고 생각하지 마라. 나도 했다. 그러니 당연히 당신도 할 수 있다.

누구에게나
처음이 있다

머리를 너무 높이 들지 마라. 모든 입구는 낮은 법이다.
- 영국 속담 -

처음 자전거를 탔던 기억이 나는가? '내가 할 수 있을까?'라는 불안감에 뒤에서 자전거를 잡아 주는 손을 놓지 말라고 끝없이 확인하며 페달을 밟았던 기억 말이다. 뒤에서 자전거를 붙잡아 주던 사람은 잘 잡고 있다고 외치며 점점 손을 놓는다. 그렇게 나도 모르는 사이에 자전거를 타게 된다. 시간이 흘러서 자전거를 능숙하게 타게 되면 자전거를 처음 타는 사람들이 답답할 때도 있을 것이다. 그러나 잊지 않기를 바란다. 자신 또한 그런 시간을 지나왔다는 사실을 말이다.

최근 방영한 〈신혼일기〉라는 프로그램에 모델 장윤주가 나왔다. 그 프로그램에서 장윤주는 최고의 모델이 아닌, 이제 7개월 된 리사라는 딸을 둔 엄마였다. 초보 엄마인 그녀는 모든 게 서툴고 어색했다. 딸이 왜 우는지 알지 못하고 혹시라도 열이라도 나면 걱정으로 하얗게 밤을 지새우기도 했다.

우는 딸을 안고 그녀는 계속해서 말한다.

"리사야, 엄마가 미안해."

처음이어서, 그래서 너무 서툴러서 아이가 불편해하는 부분을 바로바로 알아채 주지 못해서 미안한 것이다. 그녀도 엄마가 처음이라 많이 힘들 텐데 자신이 힘든 것보다 자신의 미숙함으로 아이가 힘든 것이 더 미안한가 보다.

아마 그녀가 둘째를 낳으면 좀 더 능숙하게 아이를 다룰 수 있을 것이다. 다둥이네 집 엄마는 어지간해서는 놀라지도 않는다. 첫아이 때는 아이가 열이 나면 큰일이 난 것처럼 놀란다. 하지만 나중에는 어느 정도 나는 열은 집에서 처치할 수 있게 된다. 그렇게 경험이 쌓이면서 엄마도 아이도 성장하는 것이다.

신규 간호사 때는 세상에서 제일 불쌍하고 안쓰러운 사람이 나인 것 같았다. 동네북처럼 이리 치이고 저리 치이다 몸도 마음도 너덜너덜해진 내 모습을 보면 한없이 서러워졌다. 특히 프리셉터 선생님에게 된통 혼난 날은 서러움의 강도가 평소보다 몇 배 더 강했다. 저들도 태어났을 때부터 잘했던 것이 아닐 텐데 어지간히 잡는다는 생각도 들었다.

그런데 프리셉터도 처음일 때가 있다. 그들도 서툴고 어색한 순간이 있다. 단지 표현하지 않아 알아채지 못할 뿐이다. 사실 신규 간호사는 자기 일만 해도 너무 벅차서 프리셉터의 상황까지 알아 채지 못한다. 그래서 모르는 것이다.

프리셉터가 트레이닝하는 간호사를 매섭게 혼내는 것은 그 신규 간호사가 다른 사람에게는 혼나지 않기를 바라는 마음에서다. 내가 트레이닝하는 신규 간호사는 내 책임하에 있는 존재다. 나는 '내 새끼'라고 표현했었다.

우리 엄마들이 그랬다. 맨날 나를 혼내고 때리면서 내가 누군 가에게 맞고 들어오면 그렇게 화를 냈다. 나는 맞은 것도 화가 나 죽겠는데 엄마가 화를 내니 더 화가 난다. 엄마는 내가 맞고 온 사실이 너무 속상한 나머지 그것을 화로 표현하는 것이다.

프리셉터도 그렇다. 내 새끼가 다른 사람한테 혼나고 있으면 그렇게 화가 난다. 혼내는 사람이 나보다 아래 연차면 내가 개입 하겠지만 나보다 선배라면 말도 못하고 속상해한다. 그래서 신규 간호사를 더 엄하게 대하고 더 까칠하게 구는 것이다. 그렇게 하 지 않아도 되는 방법이 있지 않느냐고 물을 수도 있다. 그러면 내 가 앞에서 언급했듯이 그들도 처음이라 어떻게 대처해야 하는지 잘 모르기 때문이라고 답할 수 있겠다.

내가 트레이닝 받을 때와 지금 내가 트레이닝을 시킬 때는 시 대도 다르고 사람도 다르다. 그 간극을 나 또한 받아들이기 혼란 스러운 것이다. 내 기준으로 생각하면 왜 신규가 모르는지 이해가 가지 않고 어떻게 접근해야 하는지 모를 때가 있다. 그래서 무작정 버럭 화를 내고 보는 것이다.

내가 한 말에 상처받은 신규 간호사를 보면 어쩔 줄 모르겠다. 그러다가 집으로 돌아가는 길에 자기반성을 하곤 한다. '내가 너무 심했나? 다음에는 다르게 이야기해 볼까?' 이런저런 생각들을 하면서 내일은 신규 간호사에게 맛있는 커피라도 사 줘야겠다고 다짐해 본다. 그렇게 프리셉터도 신규 간호사와 함께 배우며 성장하게 된다.

누구에게나 처음인 순간이 있는데 그것은 환자도 마찬가지다. 그들에게도 지금의 질병은 처음 겪는 일이다. 그래서 혼란스럽고 무서운 것이다. 환자들 중에는 같은 질문을 하고 또 하는 사람이 있다. 나에게 몇 번이고 같은 질문을 해서 기껏 대답해 주면 다른 간호사에게 똑같은 질문을 또 한다.

가끔씩 환자들이 의료진을 시험하는 것 같다고 느껴질 때가 있다. 바로 이렇게 여러 사람들에게 똑같은 질문을 할 때다. 대체로 이런 질문을 하는 환자들은 이미 답을 알고 있다. 자신이 알고 있는 답을 의료진으로부터 확인받기 위해 질문을 하는 것이다. 그리고 여러 의료진들에게 물어봐서 그들로부터 공통된 대답을 얻으면 그 답을 믿게 된다. 이러한 행동을 하는 그 이면에는 병에 대해 느끼는 그들의 공포와 두려움이 있다.

간호사도 사람인지라 이렇게 여러 사람에게 같은 질문을 하는 환자들을 보면 불쾌감을 느끼고 때론 짜증스럽기도 하다. 그리고 다른 얌전한 환자들과 비교하면서 왜 이 사람처럼 하지 못하는지 불만을 터뜨린다.

어렸을 때부터 잔병치레했던 사람들은 병원이 이미 너무 익숙하다. 새로울 것이 없으니 간호사를 귀찮게 하지 않는다. 심지어 병에 대한 지식도 해박한 편이어서 질문도 많이 하지 않는다. 그 사람들과 처음으로 질병에 맞닥뜨린 사람을 비교하면 안 된다.

내가 만난 암 환자들 대부분이 평생 병원 한 번 오지 않았던 사람들이다. 평소 건강에 자신이 있었던 사람들이라는 뜻이다. 어렸을 때부터 잔병치레하고 골골거리다가 암까지 걸려서 병원에 오는 경우는 거의 없다. 일단 내가 만나 온 환자들 중에는 없었다. 다들 평생 병이라곤 모르고 살았는데 몸이 아파 병원에 오니 암이었다고 말한다.

환자가 알아야 할 매뉴얼이 있는 것도 아니고 그들의 행동에 기준이 되는 가이드라인이 있는 것도 아니다. 모르기 때문에 가장 가까이에 있는 간호사에게 의지하게 되는 것이다. 그것은 때론 눈물로 표현되기도 하고 때론 분노로 표현되기도 한다. 한 가지 확실한 것은 그들은 그렇게 자신들을 드러냄으로써 간호사가 그들에게 관심을 가져 주길 바란다는 것이다.

병원에서 일하다 보면 제일 많이 만나는 사람이 같은 간호사고, 그다음으로 많이 만나는 사람이 환자다. 그리고 나를 가장 힘들게 하는 사람도 간호사고 환자다. 그러나 한 꺼풀 벗기고 보면 그들도 나도 똑같다는 것을 알 수 있다. 똑같이 처음이다. 그래서 다 같이 서툴고, 서로 힘이 든다.

선배 간호사는 신규 간호사였을 때 어떤 것들을 많이 느꼈는지 생각해 본다면 신규 간호사에게 좀 더 여유롭게 다가갈 수 있을 것이다. 신규 간호사는 자신이 힘든 만큼 선배도 힘들다는 사실을 알아준다면 그 시기를 이겨 내는 데 도움이 될 것이다. 세상에 완벽한 사람은 없다. 인생은 불완전하기에 더 아름다운 것이다. 기억하라. 그들도 처음이라는 것을.

05

간호사가 행복해야
환자도 행복하다

자신의 삶에 진정으로 만족하면서 살 수 있는 방법은
스스로 멋진 일이라고 믿는 일을 하는 것이다.
- 스티브 잡스 -

사람의 감정은 그 자체로 하나의 파동을 지니고 있다. 그리고
그 파동은 타인에게까지 영향을 미친다. 아무런 표정 없이 서 있
어도 어쩐지 등 뒤로 커다란 불이 활활 타오르는 것 같은 사람이
있다. 그러면 우리는 그 사람이 화가 난 상태라는 것을 짐작할 수
있다. 이렇듯 사람의 감정은 눈에 보이지 않지만 때로는 더 많은
이야기를 할 때가 있다.

어떤 산모가 아이에게 우유를 먹이고 있다. 한 아이는 자신의
품에 소중히 안아서 젖병을 물리고 있었고, 다른 아이는 그저 자
유롭게 방치되어 있었다. 시간이 지나서 두 아이의 발달 상태를
확인했을 때 사람들은 놀라운 결과를 접하게 되었다. 산모가 품
에 소중히 안아서 우유를 먹인 아이는 살도 오르지 않고 허약했

다. 그러나 자유롭게 방치되어 있던 아이는 살이 포동포동 오르고 무척 건강했다.

내체 이러한 결과를 빚은 요인은 무엇일까? 산모가 품에 안아 우유를 먹인 아이는 그녀의 친자식이 아니었던 것이다. 그녀의 아이는 자유롭게 방치되었던 아이였다. 산모는 자신의 친자식이 아닌 아이를 품에 소중히 안고 정성스럽게 우유를 먹였다. 하지만 그녀의 온 신경과 관심과 사랑은 자유롭게 방치된 자신의 아이에게로 가 있었던 것이다. 이 일화는 사람의 감정의 파동이 어떤 영향을 미치고 어떤 결과를 가져오는지 명확하게 보여 준다.

반려동물을 키우는 사람들은 이 감정의 전이에 대해서 더 잘 알 것이다. 내 기분이 어떤 상태냐에 따라서 그들의 반응도 다르다. 내가 기뻐하면 반려동물들도 신이 난다. 반대로 내가 슬프면 그들도 침울해한다.

반려견 훈련을 하다 보면 가장 많이 듣는 말이 긴장을 빼라는 말이다. 어떤 뜻이냐면 산책할 때 주인이 긴장하고 있으면 그 감정이 그대로 반려견에게 전달된다는 것이다. 그렇게 되면 반려견도 같이 긴장한 상태에서 산책을 하게 된다. 잔뜩 잡아당겨서 팽팽해진 고무줄에 작은 자극이 가해지면 그 고무줄은 끊어지고 만다. 게다가 고무줄이 끊어지면서 생기는 반발력에 고무줄을 잡고 있는 내 손도 다치게 된다. 이처럼 긴장한 반려견과 산책하는 것은 고무줄을 팽팽하게 잡아당기는 것과 이치가 같다.

그래서 훈련할 때는 견주 보고 의식적으로 몸의 긴장을 풀라고 한다. 내가 긴장을 풀고 편안한 상태면 반려견도 그 감정을 전달받아 편안한 상태가 된다. 그러면 갑자기 어떤 자극이 와도 여유롭게 대처할 수 있게 된다. 느슨해진 고무줄은 가위로 끊지 않는 이상 끊어지지 않는다. 혹여 끊어지더라도 잡고 있는 내 손이 다치는 일은 없다.

엄마가 웃으면 아이는 아무것도 모르면서 엄마를 보고 따라 웃는다. 엄마의 감정이 아이에게로 전이되는 것이다. 마찬가지로 동물들도 내가 웃으면 같이 웃어 주거나 신나게 꼬리를 흔들어 댄다. 그것은 마치 "네가 즐거워 보여서 나도 즐거워."라고 이야기하는 것만 같다.

이것을 간호사와 환자로 바꿔서 생각해 보자. 간호사가 기분이 좋지 않은 것을 환자들은 누구보다 빨리 눈치챈다. 환자들은 예민한 상태인 데다 하루 종일 간호사들을 보기 때문에 미묘한 변화도 예리하게 잡아낸다. 내가 힘든 일이 있으면 우리 환자들은 귀신같이 알고 무슨 일 있냐고 물어 온다. 분명 나는 평소와 똑같이 행동했는데 말끝에 기운이 없는 것 같은 그 미묘한 차이를 눈치채는 것이다.

우리가 환자들을 관찰하듯이 환자들도 우리를 관찰한다. 그렇기 때문에 간호사의 감정은 쉽게 환자에게 전이된다. 그러니 환자를 위하지 말고 간호사 본인을 먼저 위하길 바란다. 내가 즐겁고 행복해야 어떤 일을 하든지 즐겁고 행복할 수 있다. 그 기운이 타인에게 전해지는 것이다.

한번은 무난한 하루가 될 것이라는 나의 예상과는 다르게 갑자기 환자들이 몰려와서 아침부터 정신이 없었다. 먹이를 주는 어미 새를 찾는 아기 새들처럼 환자들은 끊임없이 나를 찾았다.

나를 찾는 사람들은 환자들이 전부가 아니었다. 전화벨은 쉴 새 없이 울려 댔고 나는 화장실도 가지 못한 채 이리저리 뛰어다녔다. 설상가상으로 치료실 문까지 이상을 보였다. 우리 모두 오늘 왜 이러냐며 한숨을 쉬었다.

자꾸 이상을 보이는 치료실 문을 고치려고 엔지니어를 부르기로 했다. 엔지니어가 문을 살피는 동안은 치료를 할 수가 없다. 그렇게 문이 수리되고 있는 동안에도 환자들은 꾸준히 왔고 치료를 기다리는 환자들로 대기 공간은 꽉 차 있었다.

또 싫은 소리를 해야 하는 순간이 온 것이다. 환자들에게 장비의 이상을 알리고 치료가 지연될 것이라는 점을 일일이 설명하고 양해를 구해야 했다. 다행히 문은 금방 고쳐졌고 산처럼 쌓였던 대기 환자의 수도 점점 줄어들었다.

그렇게 정리가 되었나 싶었을 때쯤 한 환자가 왔다. 어제 면담을 하고 오늘부터 치료를 하기로 한 환자인데 어제와 상태가 많이 달랐다. 통증이 너무 심해 잠시도 가만히 있지를 못하는 것이었다. 환자는 자동으로 들어가는 진통제를 맞고 있었다.

이상하다 싶어서 보고 있는데 치료실에 들어간 다른 환자가 치료 기기에 누워 있는 상태에서 움직이는 것이었다. 치료실 선생님들이 놀라서 뛰어 들어가고 나는 통증을 호소하는 환자의 진통제를 살펴보았다. 진통제가 이미 다 들어갔던 것이다. 약이 없으니 통증이 심할 수밖에⋯. 결국 그 환자는 치료를 받지 못한 채 돌아가야 했다. 도저히 치료를 진행할 수 없는 상태였기 때문이다.

치료실 안에서 움직이던 환자도 몇 번을 더 움직였고 겨우겨우 치료를 끝냈다. 한바탕 폭풍이 몰아친 것 같은 텅 빈 치료실과 대기실을 보는데 웃음이 나왔다. 사람이 기가 차면 웃음부터 나오듯이 이 모든 상황이 그냥 웃겼다.

웃으면서 치료실 선생님을 보는데 선생님도 웃고 있었다. 팀장님도 웃고 있었고 우리 직원 모두가 웃고 있었다. 그 누구도 짜증스러워하는 사람이 없었다. 그렇게 웃음은 우리 사이에 전염되었고 우리는 긴 하루를 웃으며 마무리할 수 있었다.

우리 중 누구 하나라도 가식적으로 웃거나 다른 마음으로 웃었다면 우리의 웃음은 전이되지 않았을 것이다. 우리 모두 같은 마음이었기 때문에 이런 훈훈한 광경이 만들어질 수 있었다. 누군가로부터 시작된 유쾌한 감정과 기운은 그대로 전달되어 모두에게로 퍼졌다.

환자들은 자신을 향해 웃고 있는 간호사가 진심으로 웃고 있는지 형식적으로 웃고 있는지 다 알고 있다. 진심 어린 웃음은 그 사람의 표정과 전해지는 기운과 일치한다. 그래서 내 얼굴에도 웃음이 떠오르게 된다.

환자가 행복하길 바란다면 간호사 본인이 먼저 행복해져야 한다. 이것은 비단 환자와 간호사의 관계뿐만 아니라 세상 모든 관계에 똑같이 적용된다. 내가 먼저 행복해야 나의 행복한 기운이 타인에게 전해지고 그로 인해 그 사람도 행복해질 수 있는 것이다.

06

자신의 일에
자부심을 가져라

지금 이 시간이 주는 선물을 기쁘게 받아들여라.
- 호라티우스 -

　나는 너그럽거나 친절한 선배가 아니다. 예전에도 그랬고, 아마 앞으로도 그럴 것 같다. 나는 오랜 시간 동안 간호사를 싫어해 왔고 어떻게 해서든 이 집단을 떠나고 싶어 했다. 일은 괜찮았고, 업무는 할 만했다. 그러나 내가 견딜 수 없었던 것은 관계였다. 같은 간호사끼리의 관계, 환자와의 관계, 보호자와의 관계, 의사와의 관계 등등 그 모든 관계에서 간호사는 대부분 약자였다. 그 사실이 너무나도 싫었다.

　학교에서는 간호사는 전문직이고 우리 일에 자부심을 가져야 한다고 가르쳤다. 그러나 막상 임상에 나와 보면 제일 먼저 무너지는 것이 바로 이 자부심이다. '내가 대체 무슨 부귀영화를 보겠다고 간호사를 한다고 했을까?' 이 생각이 들면 그때가 바로 시작점이다.

그때부터 모든 것들이 무너지기 시작한다. 트레이닝을 받느라 머리에는 쥐가 나고 하루가 멀다 않고 혼나고 있는 시점에 이 모든 것들이 무엇을 위한 것인가 의문이 들기 시작한다. 의문은 작은 틈처럼 생기지만 점점 그 틈이 넓어지고 결국 둑은 무너져 내린다.

자신의 존재에 대한 의문이 생기고 그 의문에 대한 대답을 찾지 못한 간호사는 병원을 떠나게 된다. 병원에 남아 있을 이유가 없는 것이다. 바꿔 말하자면 그들을 잡아 줄 어떤 것도 없다는 뜻이다. 간호사에 대한, 간호 업무에 대한 자부심은 누가 알려 주는 것이 아니다. 그 가치를 매기는 것도 다른 사람이 아닌 나 자신이 해야 한다. 그런데 우리는 자꾸 다른 사람의 평가에 연연한다.

최근 자존감에 대한 사회적 관심이 뜨겁다. 자존감을 높여 주는 것은 타인의 평가가 아닌 자신의 생각이다. 내 자존감이 높고 확고하다면 타인이 나를 어떻게 생각하느냐는 문제가 되지 않는다.

내 직업에 대한 자부심 또한 마찬가지다. 타인의 생각보다는 나의 생각이 더 중요하다. 나 자신이 간호가 천하다고 생각하면 나는 천한 일을 하고 있는 것이다. 간호가 귀한 일이라고 생각한다면 나는 귀한 일을 하고 있는 것이다. 어떻게 판단할 것인지는 전적으로 본인의 결정에 달렸다. 이래야 한다, 저래야 한다는 사람들의 말들은 그저 참고로만 삼자. 그 말들 중 내게 전혀 도움이 되지 않는 말들은 과감히 무시해 버려도 좋다.

내가 실습을 돌 때 정말 멋진 간호사 선생님을 본 적이 있다. 그때만 해도 나는 간호사라는 직업에 대해서 진지하게 생각해 보지 않았을 때였다. 그냥 적당히 졸업하고 간호사 면허나 따자고 생각하던 무렵이었다.

응급실 실습을 돌 때였는데 우리의 교육을 주로 담당해 주시는 선생님이 있었다. 연차도 꽤 높았던 것 같다. 아마 지금의 내 연차쯤 되지 않았을까 싶다. 그 선생님은 응급전문간호사 자격증을 취득하기 위해 시험을 준비하고 있었다. 그분은 자신의 직업에 대한 자부심이 엄청 강한 사람이었다.

처음 그 선생님을 보았을 때 느꼈던 느낌은 '화려한 사람이다' 라는 것이었다. 선생님은 인형 같은 미인은 아니었는데 눈에 확 띌 만큼 존재감이 강했다. 눈은 언제나 총기로 반짝이고 있었고 동료들과 농담하며 호탕하게 웃는 사람이었다.

그분의 능력의 진가가 발휘되는 순간은 응급 환자가 왔을 때였다. 선생님은 환자가 구급차에 실려 왔을 때 순간적으로 빠르게 환자 상태를 파악하고 필요한 것이 무엇인지 찾아서 준비했다. 그 모든 과정은 물 흐르듯이 자연스러웠다.

내가 실습을 도는 동안 선생님과 번표가 맞는 날이 많아 많은 이야기들을 들을 수 있었다. 선생님은 자신이 아는 것을 전달해 주는 것을 좋아하셨고 행복해하셨다. 선생님은 자신의 직업이 자랑스럽고 대단하다고 생각한다고 했다. 지금 전문간호사가 되기 위해 노력하고 있는데 시험에 합격하면 전문가로 한 단계 더 올라선다고 생각하니 너무 즐겁다고 말했다.

그녀는 자신을 사랑했고, 자신의 직업을 사랑했고, 자신의 업무를 사랑했다. 우리에게 왜 간호사가 스스로 자부심을 가져야 하는지를 말하는 그 선생님의 얼굴은 반짝반짝 빛났다. 그리고 그녀의 손에는 예쁜 매니큐어가 칠해져 있었다.

간호사들이 매니큐어를 칠하는 것을 금지하는 병원들이 많다. 단정치 못해 보이고 전문성이 떨어져 보인다는 것이다. 그리고 환자들이 간호사가 손톱에 매니큐어를 칠한 것을 볼 때 그 간호사를 신뢰할 수 있겠냐고 한다. 멋모를 때는 그 말이 맞는 줄 알았다.

간호사의 전문성은 손톱 색깔과는 아무 상관이 없다. 새빨간색이나 너무 요란한 색이 아니라면 단정해 보이기도 한다. 환자들과의 신뢰와도 전혀 상관이 없다. 그 선생님은 이 문제를 정면으로 반박한 사람이었다. 자신의 실력이 확실하고 대체 불가능한 전문성을 가지면 손톱의 색은 전혀 중요하지 않았던 것이다.

그렇다고 매니큐어를 칠하란 소리가 아니다. 신규 간호사가 그렇게 하고 다니면 병원에 소문이 다 난다. 부디 자중해 주기 바란다. 내가 강조하고 싶은 것은 내 손톱 색에 좌우되지 않는, 흔들리지 않는 전문성을 갖추라는 것이다. 그 선생님의 매니큐어에 대해 아무도 뭐라고 말하지 못하는 것처럼 말이다.

　우리는 간호사에 대한 좋은 것들보다 안 좋은 것들을 더 많이 듣게 된다. 일이 얼마나 힘든지, 선배들의 태움이 얼마나 심한지에 대해 더 많이 듣는다. 내가 학교에 다닐 때도 교수님들이 태움을 견디다 못해 자살한 선배의 이야기를 해 주곤 했다. 아마 그분들은 그렇게 말함으로써 학생들에게 마음의 준비를 단단히 시키려 하신 것일 것이다. 그러나 그것은 때로는 간호사라는 직업에 대해 겁을 먹고 도망가게 만드는 원인이 되기도 한다.

　매스컴을 봐도 간호사들이 힘들다는 이야기만 나온다. 밥을 못 먹는 것은 예사고 아파도 수액을 맞아 가며 일해야 하는 간호사는 힘든 직업이 맞다. 그리고 그 힘듦만큼 대우받지 못하는 직업이기도 하다. 나 또한 얼마 전까지 누군가 간호사를 하겠다고 하면 뜯어말리곤 했다.

　자신의 직업에 대한 만족도는 이 직업을 자녀에게도 물려줄 수 있는지 생각하면 금세 알 수 있다고 한다. 나는 간호사라는 직업을 내 자녀들에게 물려줄 생각이 없다. 얼마나 힘든지 알기 때문이다. 그러나 그럼에도 불구하고 그들이 꼭 간호사를 하겠다고 한다면 나는 최선을 다해 그들을 지지해 줄 생각이다.

　대한민국은 간호사로 살기에 좋은 나라는 아니다. 그래서 한국의 간호사들이 자신들의 일에 자부심을 느끼기 어려운지도 모른다. 그러나 눈을 돌려 전 세계적으로 보면 간호사는 이미 존경받는 직업이고 신뢰받는 직업이다.

간호사의 전문성은 날로 높아져 간호사에게도 처방권을 허락해야 한다는 목소리가 나오고 있다. 이미 여러 나라에서 간호사의 처방권을 실시하고 있다. 물론 응급실이나 중환자실같이 특수 파트의 경우에 한하지만 말이다. 내가 이 이야기를 들은 것이 2년 전이니 지금은 더 많이 달라져 있을 것이다.

이렇게 세계는 시시각각 변화하고 있다. 우리나라에서 무시당한다고 그것에 익숙해지지 말고 눈을 돌려 세계에서 간호사들의 위상이 어떤지 살펴보자. 우리가 이미 근사한 직업을 선택했음을 깨닫게 될 것이다.

좁은 우물 안이 세상의 전부라고 생각하지 마라. 우물 밖의 세상에서 보면 나를 둘러싸고 있던 딱딱한 돌벽이 사실은 별것 아니었음을 깨닫게 될 것이다. 간호사가 되기로 했다면 고개를 들고 당당하길 바란다. 간호는 고귀한 행위이고 간호사는 그 행위를 하는 전문가다. 그 사실을 잊어서는 안 된다. 그리고 자신의 실력을 키워라. 그것이 우리의 갑옷이 될 것이다. 마지막으로 자신의 일을 사랑하는 간호사가 되길 바란다.

당신도
간호사가 될 수 있다

우리는 되고자 하는 존재를 우리 스스로가 만들어야 할 때가 있다.

- 게리 웨이츠먼 -

천직이란 타고난 직업을 뜻한다. 어떤 사람은 하늘이 정해 준 운명이라고도 한다. 태어날 때부터 내가 하기로 예정된 직업, 그것이 천직이라고 말이다. 그러나 나는 천직은 없다고 생각한다. 아니, 천직은 스스로 만들어 가는 것이라고 생각한다.

분명 내가 간호사가 되겠다고 했을 때, 사람들은 나와 전혀 어울리지 않는다고 했었다. 나도 그렇게 생각했었다. 그러나 나는 간호사가 되었고 오랜 시간 간호사로 일했다. 앞에서 내가 악으로 깡으로 버텼다는 말을 많이 해서 그저 버텨서 오래 일했다고 생각하는가? 아니다. 나름 적성에도 맞았다. 그리고 내가 생각할 때 일도 곧잘 했던 것 같다.

한번은 결혼정보회사에서 주최하는 단체 미팅에 참가한 적이 있었다. 그때 나는 내 직업을 말하지도 않았는데 한 사람이 "간호사시죠?"라고 물어 왔다. 나는 어떻게 알았냐고 물었다. 그랬더니 주변에 간호사가 있어서 아는데 간호사들은 그 특유의 느낌이 있다고 했다. 그런데 그 느낌이 내게서도 묻어나서 물어보았다는 것이었다.

나도 모르는 사이에 나는 누가 봐도 간호사가 되어 있었다. 사람들이 내 직업을 들었을 때 의외라는 반응을 보이냐 하면 그건 아니다. 다들 고개를 끄덕이며 수긍한다. 그러면서 꼭 한마디를 덧붙인다. 나와 잘 어울린다고 말이다.

그렇게 싫어하고 벗어나고 싶었던 간호사인데 이제는 잘 어울린다는 말을 듣는다. 천직이라는 말도 많이 들었다. 환자에게 도움을 줄 때 행복하고 나로 인해 환자가 건강해질 때 행복감을 느끼는 것이 천직의 기준이라면 분명 간호사는 내 천직이 맞다.

가끔 나에게 어떻게 하면 간호사가 될 수 있냐고 묻는 사람들이 있다. 답은 간단하다. 간호학과에 들어가서 공부하고 국가고시에 응시해서 합격하면 된다. 그리고 간호사 면허를 가지고 병원에 취직하면 된다. 간호사가 되는 길은 이것 하나뿐이다.

그렇게 말하면 질문을 바꾼다. 어떤 사람이 간호사가 되어야 하냐고 말이다. 혹은 간호사가 되고 싶은데 봉사정신이 부족해 자신은 자격이 없는 것 같다고 말하는 사람도 있다.

우리는 살면서 한 번쯤은 남을 간호해 본 적이 있을 것이다.

그 대상은 부모님이 될 수도 있고 동생이 될 수도 있고 사랑하는 사람이 될 수도 있다. 아픈 그들을 볼 때 어떤 느낌이 들었는가? 그들이 안타깝고 내가 그들에게 힘이 되는 무엇을 해 주고 싶다는 생각이 들 것이다. 그것이 무엇인지는 모르지만 말이다. 그 마음이 바로 간호사의 마음이다.

아픈 사람에게 내가 줄 수 있는 도움을 주는 것이 간호다. 그것을 좀 더 효율적이고 정확하게 전달하기 위해 우리는 배우고 익히는 것이다. 그렇게 배워서 그 일을 직업으로 가진 사람들이 간호사다. 간호사는 인간에 대한 연민, 사랑이 있는 사람이라면 누구나 될 수 있다.

내가 항암병동에 있을 때 57세의 신규 간호사가 들어온 적이 있었다. 그분은 은퇴하고 간호학과로 편입하신 분이었다. 직업에 나이 제한을 없애겠다는 정책이 실시된 지 얼마 안 된 때라 그 선생님에 대한 소문이 온 병원에 파다하게 났다.

건너 들은 이야기로는 그분은 은퇴하고 봉사를 하고 싶으셨단다. 그게 평소에 가진 꿈이기도 했다고 했다. 아픈 사람을 돌보는 봉사를 보다 더 잘하기 위해서 간호사가 된 것이다.

물론 그분은 병원에 오래 머무르지는 못했다. 아마도 체력적으로나 여러 면에서 힘들었기 때문이라고 생각된다. 그러나 그분이 보여 주신 도전정신은 많은 사람들에게 큰 깨달음을 주었다. 그때 나는 간호사가 되기 위해서 가장 필요한 것이 무엇인지를 알게 되었다.

사람들은 자꾸 지식으로 모든 것을 해결하려고 하는 경향이 있다. 물론 지식은 중요하다. 모르는 것은 때론 죄가 되기도 하니 말이다. 그러나 간호사는 지식도 중요하지만 그보다 마음이 더 중요한 직업이다. 간호사뿐만 아니라 의사, 선생님도 모두 마찬가지다. 사람을 다루는 직업은 마음이 가장 중요시되어야 한다.

간호사와 의사에게는 생명에 대한 존중심과 인류애가 있어야 한다. 아픈 사람의 질병만 본다면 그 사람은 반쪽짜리 의사요, 간호사다. 질병으로 인해 환자가 느끼는 통증, 불안, 두려움을 모두 같이 다룰 수 있어야 진정한 의사이고 간호사다.

누군가 내게 간호사로 일하면서 가장 행복했던 순간이 언제였냐고 묻는다면 나는 환자들과 있었을 때라고 말할 것이다. 내 입으로 말하기 쑥스럽지만 나는 환자들에게서 사랑을 많이 받은 간호사였다. 덜렁대고 실수도 많고 가끔씩 짜증도 많이 냈지만 환자들은 나를 참 예뻐했다. 까칠하기로 유명한 환자도 내게는 그 가시를 세우지 않았다. 내가 환자들에게 많은 도움을 줬다고 하지만 사실 내가 더 많이 받았다.

아침에 라운딩을 하다 보면 입으로 무엇인가가 불쑥불쑥 들어왔다. 그것은 과일일 때도 있고 떡일 때도 있고 빵일 때도 있었다. 라운딩을 하면서 이것저것 물어보는 내 입에 환자들은 그것들을 넣어 주곤 했다. 가끔씩은 보호자들이 먹을 것을 챙겨 주기도 했다. 어느 정도였냐면 내가 동기들한테 "혹시 내가 배고파 보여? 그래서 우리 환자들이 나를 자꾸 먹이는 거야?"라고 물어본 적도 있을 정도였다. 지금은 그들의 그 손길이 애정 어린 손길임을 안다. 그들은 자신의 사랑을 그런 방법으로 표현했던 것이다. 그렇게 그들의 애정을 받으면서 나는 가식 없이 웃는 간호사가 될 수 있었다.

사랑을 받아 본 사람이 사랑을 줄 수 있다. 이것은 불변의 법칙이다. 누구도 경험해 보지 못한 것을 줄 수는 없다. 나는 환자들에게서 받은 사랑을 다시 환자들에게 나누어 주었다. 내가 했던 말에 위로를 받았다고 고맙다고 말하는 환자를 만나면 내가 더 감사해진다. 내가 그분에게 힘이 되어 주고 싶은 마음에 건넨 말을 그대로 받아 위로가 되게 만들어 주어서 오히려 내가 더 감사하다.

앞에서 천직에 대해 언급했다. 간호사가 나와 맞지 않는 직업이라고 생각했던 그때 사주카페에서 재미 삼아 사주를 봤다. 그러면 교사, 공무원 이런 직업들이 나와 잘 어울린다고 나왔었다. 그런데 내가 간호사로 일하고 나서 사주를 보면 내 사주에 간호사가 꼭 끼어 있는 것이었다. 친구들도 신기해하면서 운명도 바뀌나 보다, 라고 말한다.

천직은 만들어 가는 것이라고 말한 이유도 이 때문이다. 내가 어떤 일에 몰두하고 매진하면 그 일은 내 운명을 바꾸고 천직이 된다. 천직은 하늘에서 내려 주는 것이 아니다. 내가 만들어 가는 것이다.

진정 자신이 간호사가 될 수 있는지 궁금하다면 스스로에게 물어보라. 그것이 어렵다면 이미 그 길을 걸어가고 있는 나에게 조언을 구해도 좋다. 010.8898.6176으로 연락을 주면 기꺼이 당신의 이야기를 들어 줄 것이다. 성경에 나오는 착한 사마리아인처럼 내 도움을 필요로 하는 사람을 그냥 지나치지 않는 마음을 가졌는지 말이다. 이 질문에 "네."라는 답이 나왔다면 당신은 이미 간호사가 될 자격이 충분한 사람이다.

간호사 취업 비법

초판 1쇄 인쇄 2017년 12월 15일
초판 1쇄 발행 2017년 12월 21일

지 은 이 **송세실**
펴 낸 이 **권동희**
펴 낸 곳 **위닝북스**
기   획 **김태광**
책임편집 **채지혜**
디 자 인 **박정호**
교정교열 **우정민**
마 케 팅 **허동욱**

출판등록 **제312-2012-000040호**
주   소 **경기도 성남시 분당구 수내동 16-5 오너스타워 407호**
전   화 **070-4024-7286**
이 메 일 **no1_winningbooks@naver.com**
홈페이지 **www.wbooks.co.kr**